V&R

Tim Kurt Wiesendanger

Das Kind
im schwulen Mann

In seelischen Krisen zum wahren Selbst finden

Vandenhoeck & Ruprecht

Bibliografische Information der Deutschen Nationalbibliothek

Die Deutsche Nationalbibliothek verzeichnet diese Publikation in der Deutschen Nationalbibliografie; detaillierte bibliografische Daten sind im Internet über http://dnb.d-nb.de abrufbar.

ISBN 978-3-525-40163-7

Satz: Schwab Scantechnik, Göttingen
Druck und Bindung: ⊕ Hubert & Co, Göttingen

Inhalt

Einleitung

Leben bedeutet nicht immer eitel Sonnenschein. Tagtäglich werden wir mit kleineren oder größeren Unannehmlichkeiten konfrontiert, seien diese privaten oder beruflichen Ursprungs. Viele dieser Unannehmlichkeiten haben keine existentielle Bedeutung. So bedeutet es nicht die Welt, wenn etwa die Lieblingsmarmelade alle ist, das Bügeleisen den Geist aufgegeben hat oder das Bad auch nach einer Stunde immer noch belegt bleibt, weil unser Liebster sich mal wieder nicht vom Spiegel trennen kann. All dies mag uns für einen Moment ärgern, doch in der Regel lassen wir uns dadurch nicht nachhaltig blockieren.

Hin und wieder entwickeln sich aus Unannehmlichkeiten jedoch Krisen. Vielleicht bringt eine Kumulation von Bagatellärgernissen das Fass zum Überlaufen. Oder wir erleiden durch ein tiefer greifendes Ereignis großen Schmerz, etwa durch Trennung vom Partner oder den Tod eines uns lieben Menschen. Auch unüberwindbare Probleme in der Beziehung, chronische berufliche Unzufriedenheit, Angst vor Stellenverlust, sexuelle oder Coming-out-Probleme können zu Krisen führen. Letztlich können Krisen durch alles Erdenkliche ausgelöst werden, was uns subjektiv belastet.

Manchmal ist es uns aber auch gar nicht bewusst, was uns eigentlich genau belastet. Dennoch leiden wir unter den typischen Auswirkungen und Symptomen seelischer Not, etwa unter Minderwertigkeitsgefühlen, Niedergeschlagenheit, Versagens-, Schuld- und Schamgefühlen, Antriebs- und Lustlosigkeit, möglicherweise auch unter Angst- und Panikattacken,

Phobien, Zwängen oder Schlafstörungen. Vielleicht zeigen sich Symptome auch auf der körperlichen Ebene, etwa als Schmerzen oder Krankheiten, für die es keinen somatischen Befund gibt. Vielleicht besteht auch schon eine Alkohol-, Drogen- oder Medikamentenabhängigkeit, derer wir uns nur ungern bewusst werden. Oder vielleicht haben wir eine andere, nicht an Substanzeinnahme gebundene Sucht entwickelt, etwa Arbeits-, Internet- oder Fernsehkonsumsucht. Das Kapitel »Seelische Krisen sind menschlich« möchte einen ersten Überblick über die Vielfalt und die verschiedenen Gesichtspunkte von Krisen vermitteln.

Sodann können wir seelische Krisen auf verschiedene Arten zu bewältigen probieren. Wir können versuchen, unsere Probleme zu ignorieren, sie allein zu lösen oder sie mit Hilfe von Freunden oder der Familie anzugehen. Laienpsychologische Konzepte, über die wir uns in der Regel keine Gedanken machen, bilden dann die Basis für den Versuch einer solchen Art der Krisenbewältigung.

Wir können uns aber auch an Fachleute wenden, die uns in einer Krise unterstützen sollen. Hierbei gibt es eine für den Laien schier unüberblickbare Vielzahl unterschiedlicher Behandlungsansätze und Therapieformen. An wen soll man sich also in der Not wenden? Soll man besser zu einem Psychiater oder einem Psychotherapeuten gehen? Was sind überhaupt die Unterschiede zwischen diesen Berufsfeldern? Und welche Form von Unterstützung bieten sie an?

Im Kapitel »Krisenbewältigung und Therapie« zeige ich auf, von welchen meist unbewussten Prämissen einerseits Laienpsychologie ausgeht und auf welcher Basis andererseits professionelle Therapie ansetzt. Da es den Rahmen dieses Buches bei weitem sprengen würde, alle Therapieansätze unter die Lupe zu nehmen, stehen hier nur die vier Hauptrichtungen universitär begründeter Disziplinen der Medizin beziehungsweise der Psychologie zur Diskussion, nämlich die Psychiatrie beziehungsweise Psychopharmakologie, die Kognitive Verhaltenstherapie, die Psychoanalyse beziehungsweise Tiefenpsychologie und die Therapieansätze der Humanistischen Psychologie. Es soll aufgezeigt werden, von welchen Menschenbildern her die verschiedenen Methoden seelische Krisen betrachten und welche Schwerpunkte sie in ihre Therapie legen. Gerade weil das Verhältnis von Psychiatrie beziehungsweise Psychotherapie und Homosexualität, sowohl historisch betrachtet wie auch teilweise bis in die Gegenwart hinein, sehr belastet ist, interessiert insbesondere, wie die verschiedenen Fachrichtungen in der Vergangenheit mit schwulen Männern als Patienten respektive Klienten umgegangen sind und auf welche Art und Weise sie heute schwulen Männern begegnen beziehungsweise mit dem Thema Homophobie[1] umgehen.

Mein persönlicher therapeutischer Zugang setzt sich aus Konzepten der Tiefenpsychologie und der Humanistischen Psychologie zusammen. Damit fokussieren meine vertiefenden Überlegungen im Kapitel »Die Not des inneren Kindes erkennen und heilen« seelische Aspekte aus humanistisch-tiefenpsychologischer Perspektive.

Wenn wir angesichts einer Krise blockiert sind, werden wir aus tiefenpsychologischer Sicht unbewusst auf unverarbeitete Erlebnisse und Traumatisierungen in unserer Kindheit und Jugend zurückgeworfen. Mit unserem erwachsenen Verstand wüssten wir in aller Regel schon, wie wir uns in einer gegebenen Situation zu verhalten hätten, damit wir möglichst bald unbeschadet wieder aus der Krise rausfinden. Doch eine höchst irrationale Seite, die ich im Folgenden *das Kind in uns* nenne, hat, in der Regel, ohne dass wir uns dessen gewahr sind, das Kommando über unser Denken und Handeln übernommen und tut scheinbar alles dafür, dass wir keinen angemessenen, reifen, erwachsenen Umgang mit unserer Krise finden und

---

1 Homophobie bezeichnet eine gegen Schwule und Lesben gerichtete individuelle und soziale Abneigung, welche vordergründig mit Abscheu und Ärger, tiefgründig jedoch mit Unsicherheit und Angst in der eigenen (sexuellen) Identität einhergeht. Die Übersetzung des altgriechischen Wortes Homophobie lautet denn auch: Angst vor dem Gleichen; in Zusammenhang mit der Sexualität also: Angst vor Homosexualität.

bald in noch größere Schwierigkeiten geraten. So kann auch jemand, der etwa unter Minderwertigkeitsgefühlen oder unter Depressionen leidet, sich nicht einfach zusammenreißen, damit es ihm wieder besser geht, selbst wenn sein erwachsener Verstand erkennt, was ihm gut tun würde. Auch jemand, der an irrationalen Ängsten leidet, kann sich nicht einfach bewusst machen, dass er in dieser oder jener Situation keine Angst zu haben braucht, weil objektiv gesehen keine Gefahr droht. Das Kind in ihm *ist* niedergeschlagen, lust- und ratlos und *hat* Angst.

Hier setzt der Fokus der humanistischen Psychologie an. Zunächst gilt es, die Not des inneren Kindes überhaupt zu erkennen und wirklich ernst zu nehmen. Dabei stehen das innere Erleben und die Gefühle, die ein Mensch sowohl im Hier und Jetzt als auch in der Einfühlung mit seinem inneren Kind empfindet, im Fokus. Durch das emotionale Wahrnehmen und Ernstnehmen dieser Not sowie durch echte und bedingungslose Zuwendung zum inneren Kind kann Heilung geschehen.

Aufgrund der spezifischen Minderheiten- und Stigmatisierungserfahrung lässt sich die Arbeit mit dem inneren Kind bei schwulen Männern sehr gut anhand ihrer internalisierten Homophobie[2] veranschaulichen und als ideales therapeutisches Instrument nutzen. Da wir in einer Gesellschaft und in der Regel auch in einer Familie aufgewachsen sind, die auf heterosexuelle Bedürfnisse ausgerichtet ist, waren schwule Männer in ihrer Kindheit und Jugend unweigerlich seelischen Irritationen ausgesetzt. Häufig haben Heterosexismus[3], Homophobie und vor allem die daraus resultierende internalisierte Homo-

---

2 Internalisierte Homophobie ist die von Schwulen und Lesben in den eigenen seelischen Raum verinnerlichte Homophobie. Es sind negative Kognitionen, Bilder und Gefühle über die eigene Sexualität, die ausgeprägt selbstdestruktiv wirken.

3 Heterosexismus ist ein allgegenwärtiges und weitgehend unreflektiertes individuelles, gesellschaftliches und institutionalisiertes Denk- und Verhaltenssystem, welches Heterosexualität gegenüber anderen Formen sexueller Orientierung als überlegen klassifiziert.

phobie tiefgreifende seelische Verletzungen verursacht, die schwule Männer von früher Kindheit an nachhaltig prägen. Mit einem Coming-out[4] können diese negativen Erfahrungen bis zu einem gewissen Grad aufgearbeitet werden. Doch ein grundsätzliches Coming-out wird den erlittenen Verletzungen in der Tiefe meist noch nicht gerecht. Dafür bedarf es eines vertieften Coming-out (Wiesendanger, 2005) und damit einer vertieften seelischen Auseinandersetzung mit unserer frühen Biographie. Vier Fallbeispiele von schwulen Männern aus meiner therapeutischen Praxis sollen diese Arbeit mit dem inneren Kind und die dabei einhergehende Suche nach dem wahren Selbst konkret veranschaulichen.

Weiterführende Gedanken zur Persönlichkeitsentwicklung im Sinne eines vertieften Coming-out und der Suche nach dem wahren Selbst möchte das Schlusskapitel »Eigenständige Spiritualität« vermitteln. Viele Menschen in unserer säkularisierten Welt wollen von Gott oder zumindest von der Kirche nichts mehr wissen. Gerade schwule Männer wurden und werden von fundamentalistischen Kirchen und Glaubensgemeinschaften bis auf den heutigen Tag stigmatisiert und gedemütigt, namentlich von der römisch-katholischen Kirche und von evangelikalen Freikirchen. Ein Sich-Abwenden vom Religiösen ist daher bei gleichgeschlechtlich Liebenden mehr als verständlich.

Im Gegensatz zur manifesten oder latenten Homophobie vieler institutionalisierten Religionen ebnet ein tiefes Erkennen im Sinne des humanistisch-tiefenpsychologischen Ansatzes aber den Weg für einen eigenständigen und selbstbestimmten spirituellen Weg. Dieser steht selbstredend allen

---

4 Unter einem Coming-out wird der für die schwule und lesbische Entwicklung entscheidende Prozess verstanden, der einerseits eine innerseelische Komponente des Erkennens und Akzeptierens der eigenen Homosexualität und anderseits eine soziale Dimension beinhaltet und die eigene sexuelle Orientierung einem mehr oder weniger ausgewählten Kreis von Bezugspersonen, in der Regel sind dies Eltern, Geschwister, Freunde und Arbeitskollegen, offenlegt.

Menschen offen und grenzt niemanden aus. Auf dem Hintergrund der Erkenntnisse der modernen Naturwissenschaften, namentlich der Quantenphysik und der Theorie geistiger Evolution, erschließt eine so verstandene Spiritualität einen überaus kreativen und lebensbejahenden Weg. Dieser vermag schwulen Männern – nach Jahrhunderten der Unterdrückung – Räume zu öffnen, die ihnen wohl schon immer zugedacht waren, durch gesellschaftliche und vor allem durch internalisierte Homophobie bis dahin jedoch verschlossen blieben.

Das vorliegende Buch »Das Kind im schwulen Mann« baut somit auf den Thesen meiner beiden Bücher »Schwule und Lesben in Psychotherapie, Seelsorge und Beratung« (2001) und »Vertieftes Coming-out« (2005) auf. Einem oft geäußerten Leserwunsch entsprechend, soll es praxisnah aufzeigen, wie schwule Männer an ihrer Persönlichkeitsentwicklung arbeiten können und wie professionelle Therapie sie darin zu unterstützen vermag. Das Buch will einerseits Fachleuten aus Psychologie, Psychotherapie, psychosozialer Beratung, Psychiatrie, Pädagogik und Seelsorge Impulse für spezifische Aspekte im Umgang mit gleichgeschlechtlich empfindenden Jugendlichen und Männern geben. Andererseits will es schwulen Männern ein Instrument an die Hand geben, das ihnen der Orientierung im Dickicht ihrer seelischen Krise respektive Persönlichkeitsentwicklung dienen soll und sie animieren mag, mit ihrem inneren Kind einen kreativen Weg der Bewältigung zu gehen. Dieser Weg kann sie befähigen, ihre Persönlichkeit nachhaltig zu stärken und darin ihr wahres Selbst und vielleicht auch einen Zugang zu einer erneuerten, eigenständigen Spiritualität zu finden. Auf diese Weise bleibt die »Krise als Chance« nicht ein abgegriffener Kalenderspruch, sondern erfahrbare Wirklichkeit.

Seelische Krisen sind menschlich

Seelische Krisen haben viele mögliche Auslöser und zeigen sich in sehr unterschiedlicher Art und Weise. Vor allem aber gehören sie zum Menschsein wie glückliche Lebensphasen. Vielleicht wurde jemand von seinem Partner verlassen und ist verzweifelt, wieso ihm dies nun schon zum wiederholten Mal passierte. Vielleicht kann er an nichts mehr anderes denken, grübelt in jeder freien Minute daran herum, kann sich nicht entspannen und leidet etwa unter Schlafstörungen. So ist er anderntags völlig erschöpft, lustlos und unkonzentriert. Aus Scham, versagt zu haben, mag er vielleicht nicht auf andere Menschen zugehen und zieht sich immer mehr zurück. Womöglich versucht er, seine Probleme mit Alkohol zu bewältigen. Wenn es ihm nach einiger Zeit immer noch nicht besser geht, wendet er sich vielleicht an seinen Hausarzt. Vielleicht verschreibt dieser ihm ein Medikament, möglicherweise weist er ihn aber auch an eine Fachperson weiter. Diese spricht dann vielleicht das erste Mal aus, was er selbst schon vermutet hat, nämlich dass er depressiv sei und sein Verhalten unbewusst auf Muster zurückgehe, die er in seiner Kindheit und Jugend erworben habe.

Bei jemand anderem zeigt sich die Krise ganz anders. Vielleicht gibt es für ihn keinen erkennbaren äußeren Anlass, mit dem er seine momentane Niedergeschlagenheit, Freud- und Lustlosigkeit erklären kann. Bei wieder jemand anderem zeigt sich die Krise etwa in einem Burn-out. Von einem Tag auf den anderen kann er seiner Arbeit nicht mehr nachgehen, selbst wenn er sich noch so sehr anstrengt. Noch jemand anderer fühlt sich vielleicht unwohl, weil er sich an seinem Arbeitsplatz nicht als Schwuler outen will, spürt aber, wie viel Energie ihm das permanente Versteckspiel abzieht. Er weiß, dass ihm ein Befreiungsschlag helfen würde, doch getraut er sich nicht, zu seinem Schwulsein zu stehen, und ist blockiert.

Und wieder jemand anderer steckt vielleicht schon seit Jahren in einer Krise, ja, wenn er es sich recht überlegt, sogar seit er zurückdenken kann. Sein Leben besteht scheinbar aus einer einzigen Aneinanderreihung von Krisen, doch hat er über die verschiedenen Krisenherde längst den Überblick verloren und rennt hilflos von einer Feuerwehrübung zur nächsten.

Wir alle haben auf die eine oder andere Weise unsere Erfahrungen mit seelischen Krisen gemacht. Sie gehören zum Leben. Manchmal können wir mit ihnen ganz gut umgehen, ohne dass wir aus der Bahn geworfen werden. Manchmal verdichten sich aber die schwarzen Wolken über uns und wir geraten immer tiefer in eine Krise hinein. Möglicherweise entwickelt sich daraus eine eigentliche Lebenskrise, aus der wir nicht mehr allein herausfinden.

In einer solchen akuten Krise werden wir oft dermaßen von Leidensdruck in Beschlag genommen, dass wir kaum noch erkennen, was eigentlich Sache ist. So ist es hilfreich, erstmal die verschiedenen Ebenen einer Krise auseinanderzuhalten, nämlich *Auslöser, Symptome, Diagnose, tiefgründige Ursache* und *Bewältigungsstrategie* respektive *Therapie*, um im Chaos einer Krise etwas Ordnung zu schaffen.

Da ist als Erstes die *Ebene des Auslösers*. Häufig sind akute oder chronische Beziehungsprobleme Auslöser einer Krise. Ebenso kann ein Verlust durch Trennung oder Tod eines Partners oder eines uns lieben Menschen dazu führen. Probleme am Arbeitsplatz, etwa durch Überforderung, Mobbing oder Angst vor Arbeitsplatzverlust, aber auch sexuelle oder Coming-out-Probleme sind weitere mögliche Krisenauslöser. Auch kann ein Unfall, eine Krankheit, eine lebensbedrohende Diagnose, eine nicht abzuwendende Aufgabe, etwa eine Prüfung, ein Vortrag, die Teilnahme an einem gesellschaftlichen

Anlass, dem man lieber fernbleiben würde, oder eine aktuelle traumatisierende Situation eine seelische Krise ins Rollen bringen. Außerdem können auch überpersönliche Gründe eine Krise auslösen, etwa das Gefühl der Bedrohung durch die derzeitige Finanz- und Wirtschaftskrise oder durch die globale Klimaerwärmung, aber auch etwa die Angst vor Terroranschlägen, Überfremdung oder Grippeepidemien.

Von solchen Auslösern zu unterscheiden ist die *Ebene der Symptome*, also die Art und Weise, wie sich eine Krise seelisch und körperlich in uns manifestiert. Niedergeschlagenheit, Antriebs- und Lustlosigkeit sind häufige Symptome, daneben Gedankengrübeln, Schlafstörungen, Konzentrationsstörungen oder Schwierigkeiten, sich zu entspannen und zur Ruhe zu kommen. Oft begleiten uns Versagensängste, Minderwertigkeits-, Schuld- und Schamgefühle. Sind wir im negativen Denken verhaftet, erleiden wir unweigerlich Zukunftsängste. Vielleicht entwickeln wir aber auch Zwänge, etwa Zwangsgedanken oder Zwangshandlungen in Form von starren Ritualen oder gar einem Drang, uns selbst zu verletzen. Möglicherweise haben wir Angst, auf Leute zu zugehen, einkaufen oder ins Kino zu gehen, weil wir in öffentlichen Räumen schon Angstattacken erlebt haben und nun befürchten, diese könnten uns erneut überfallen. Womöglich zeigen sich unsere Ängste aber auch auf eine noch unverständlichere Weise, etwa indem wir Angst haben, zum Friseur zu gehen. Wir wissen selbstverständlich, dass wir uns vor ihm nicht zu fürchten brauchen und er seine Arbeit stets zu unserer vollsten Zufriedenheit verrichtet. Dennoch fühlen wir uns vielleicht ausgeliefert, wenn er uns an den Kopf fasst, und erleiden dabei subjektiv einen äußerst unangenehmen Kontrollverlust.

Übersteigerter Antrieb und Rastlosigkeit können ebenfalls Symptome einer seelischen Krise sein. Möglicherweise hat sich unser Leiden aber auch schon im Körper niedergeschlagen und zeigt sich uns in Form von Schmerzen oder anderen psychosomatischen Beschwerden und Krankheiten. Vielleicht suchen wir »Trost« im Alkohol oder im Konsum von Medikamenten oder Drogen. Wenn wir keine Lebensperspektive mehr erkennen, sind wir womöglich gar suizidgefährdet und leiden unter Selbstmordgedanken. Vielleicht wenden wir unser Leiden aber auch nach außen, so dass wir verbal oder gar brachial destruktiv mit Mitmenschen umgehen oder mutwillig unsere Umgebung zerstören.

Aufgrund unserer Lebensgeschichte, Befunde und Symptome stellen Ärzte, Psychiater und Psychotherapeuten *Diagnosen* und bezeichnen damit psychische Erkrankung oder Störungen. Eine solche Diagnose lautet vielleicht Depression in leicht-, mittel- oder schwergradiger Ausprägung. Vielleicht werden eine spezifische Angst- und Panikstörung, eine generalisierte Angststörung oder eine Zwangsstörung diagnostiziert, womöglich außerdem eine Alkohol- oder Medikamentenabhängigkeit. Schwerwiegendere Diagnosen lauten etwa Persönlichkeitsstörung, Psychose oder Schizophrenie. Bei der Diagnose einer somatoformen Störung kann für die körperlichen Symptome keine somatische Ursache gefunden werden.

Dieses Buch befasst sich kaum mit Diagnosestellungen. Meiner Meinung nach sind diese für Heilungsprozesse auch unwesentlich und eher von akademischem als von praktischem Interesse. Die Auslöser einer Krise und dessen Symptomatik interessieren in unserem Zusammenhang schon eher. Vor allem geht es aber darum, hinter einer Krise deren *tiefgründige Ursachen* zu erkennen. So liegen unter einer Depression, einer Angststörung, einem Burn-out oder einer Midlife-Crisis bewusste, aber häufig auch unbewusste Minderwertigkeitskomplexe, die auf unverarbeitete Lebenserfahrungen zurückgehen. Wie ich noch eingehend aufzeichnen werde, sind es in der Tiefe immer die unverarbeiteten Erfahrungen und Traumatisierungen aus der Kindheit und Jugend, die letztlich eine seelische Krise verursachen. Das Kapitel »Die Not des inneren Kindes erkennen und heilen« geht darauf vertieft ein. Ich werde darin aufzeigen, wie solche unverarbeiteten Kindheitserfahrungen bei schwulen Männern gut anhand ihrer verinnerlichten Anteile an Homophobie zu erkennen und aufzuarbeiten sind.

Das folgende Kapitel befasst sich aber zunächst mit der Ebene der *Krisenbewältigung und Therapie*. Auch darin sind wiederum verschiedene Ebenen zu unterscheiden.

Krisenbewältigung und Therapie

Wir können mit seelischen Krisen sehr unterschiedlich umgehen. Wir können beispielsweise darauf setzen, dass sich spontan ein Lösungsweg zeigt, und erst einmal zuwarten. Oder wir können versuchen, mit Alkohol das Problem wegzuschwemmen oder mit Drogen unsere inneren Spannungszustände zu kompensieren. Eine weitere Möglichkeit besteht darin, mit Medikamenten die Talfahrt der Gefühle zu bremsen probieren. Vielleicht behalten wir unsere Probleme für uns. Vielleicht wenden wir uns an eine vertraute Person aus dem Freundeskreis oder der Familie. Vielleicht suchen wir aber auch Unterstützung bei einer Fachperson.

Je nachdem, wie wir uns entscheiden, unsere seelische Krise anzugehen, stoßen wir auf sehr unterschiedliche Formen von Bewältigungsstrategien. Im Folgenden möchte ich erklären, auf welchen Ebenen einerseits laienhafte Krisenbewältigung und andererseits professionelle Therapien ansetzen.

Bei der Diskussion der verschiedenen professionellen Ansätze beschränke ich mich auf die Grundströmungen der wissenschaftlich fundierten therapeutischen Angebote, namentlich die Psychiatrie beziehungsweise Psychopharmakologie, die Kognitive Verhaltenstherapie, die Psychoanalyse beziehungsweise Tiefenpsychologie und die Humanistische Psychologie. Weder beanspruche ich damit Vollständigkeit noch eine umfassende Besprechung dieser Ansätze. Vielmehr ist es mein Anliegen, die hinter den verschiedenen Ansätzen liegenden Grundannahmen und Menschenbilder für Laien verständlich zu machen. Dabei interessieren insbesondere ihr Bezug zu den Themen Homosexualität und Homophobie.

Ebene der Laienpsychologie

Unter Laienpsychologie verstehe ich Konzepte von Nichtfach-leuten, psychologische Phänomene, etwa zwischenmenschli-ches Verhalten, zu erklären und sie für sich oder andere nutz-bar zu machen.

Im Alltag laufen laienpsychologische Konzepte permanent, automatisch und meist unbewusst ab. Wir alle verfügen jeder-zeit über solche Konzepte und machen uns in der Regel keine speziellen Gedanken darüber. Beispielsweise werden wir uns mit unserem Nachbarn auf eine bestimmte Art und Weise un-terhalten. Vielleicht ist es ein höfliches »Hallo«, vielleicht ist es ein kurzer, unverbindlicher Schwatz. Vielleicht ignorieren wir unseren Nachbarn auch oder weichen ihm demonstrativ aus. Durch unsere Haltung, den Inhalt und den Ton des Gesagten oder Nicht-Gesagten markieren wir unser Verhältnis zum Ge-genüber, etwa Respekt, Gleichgültigkeit, Überheblichkeit oder Unterwürfigkeit.

Außerdem projizieren wir im zwischenmenschlichen Kon-takt unsere Lebensvorstellungen, Wünsche und Sehnsüchte. Manchmal sprechen wir diese explizit aus, oft aber steht die eigentliche Botschaft zwischen den Zeilen. So kann ein an den Nachbar gerichtetes »Es ist kalt geworden« Unverbindlichkeit bedeuten. Aber es kann auch den Wunsch nach einem Sich-bei-einem-Glas-Rotwein-Kennenlernen zum Ausdruck brin-gen. Je nachdem, auf was der Satz »Es ist kalt geworden« in der Laienpsychologie des Gegenübers trifft, wird unser Nachbar vielleicht mit einem höflichen und ebenfalls unverbindlichen »Und für morgen ist sogar Schnee angesagt« antworten. Aber vielleicht fühlt er sich durch unsere Worte auch vereinnahmt und reagiert in der Folge abweisend.

Es gibt Tausende von Möglichkeiten, zwischenmenschlichen Kontakt zu gestalten. Die skizzierte nachbarschaftliche Begegnung ist dafür nur ein banales Beispiel. Es soll erstens illustrieren, dass laienpsychologische Konzepte im Alltag jederzeit und meist unbewusst ablaufen. Und zweitens soll es zeigen, wie störungsanfällig Kommunikation grundsätzlich ist.

Wollte der Nachbar etwas von mir? Oder hatte ich nur den Eindruck, er wolle etwas von mir? Wie soll ich darauf reagieren? Genau solche Fragen schließen unsere Lebenserfahrungen, Ängste und Wünsche ein und begründen unsere persönliche Laienpsychologie von Kindheit an. Damit bahnen wir unseren Weg durchs Leben. Niemand kann sich seiner Laienpsychologie entziehen. Sie findet immer und überall statt. Laienpsychologie ist auch nichts, dessen man sich schämen muss. Sie ist einfach das, was sie ist: spontaner Ausdruck der Seele eines Menschen, in der sich seine Persönlichkeit mit seinen Lebenskonzepten, Ängsten und Wünschen spiegeln.

In der Regel schlagen wir uns mit unserer Laienpsychologie auch ganz gut durchs Leben. In einer seelischen Krise hingegen funktioniert unser laienpsychologisches Konzept nicht mehr, und wir stoßen mit unseren zwischenmenschlichen Verhaltensstrategien auf Widerstand. Plötzlich wird etwa die Strategie, immer für alle anderen da zu sein und sich selbst stets hintanzustellen, in Frage gestellt. Oder das Konzept, sich mit möglichst viel Arbeit einzudecken, um die darunter liegende Einsamkeit nicht spüren zu müssen, bekommt schmerzhafte Risse. Vielleicht läuft uns der Lebenspartner davon oder uns wird gekündigt. Vielleicht stirbt ein nahestehender Mensch und wir kommen über dessen Verlust nicht hinweg. Oder wir erhalten vom Arzt eine lebensbedrohliche Diagnose. Ob unvermittelt oder über längere Zeit sich anbahnend, in einer seelischen Krise können wir eine aktuelle Situation mit unseren bisherigen Lebenskonzepten, mit unserer bisherigen Laienpsychologie, nicht mehr einfach so bewältigen.

Nun haben wir aber auch für Krisenzeiten unsere bewussten und unbewussten laienpsychologischen Konzepte. Wir sind ja nicht das erste Mal damit konfrontiert, dass etwas nicht so läuft, wie wir es gern hätten. Eine solche Krisenstrategie kann sein, sich möglichst nichts anmerken zu lassen. Vielleicht versuchen wir, uns mit Suchtmitteln über Wasser zu halten. Alkohol bietet sich dafür besonders gut an, bekommt man ihn doch an jeder Ecke zu erschwinglichen Preisen. Aber auch Cannabis, Kokain, Heroin oder Designerdrogen können Menschen in einer seelischen Krise für eine gewisse Zeit die Illusion verschaffen, dass doch alles nicht so schlimm sei.

Sehr beliebt für solche illusionäre Verkennungen sind auch nicht substanzgebundene Suchtmittel. Mit stundenlangem Internet- und Fernsehkonsum, exzessivem Sport, unvernünftigem Essverhalten oder Sich-in-die-Arbeit-Stürzen versuchen wir gern, die eigentlichen Probleme zu verdrängen. Die Workaholic-Strategie hat außerdem den Vorteil hoher gesellschaftlicher Anerkennung. Wenige vermuten ja hinter einem erfolgreichen Manager, der sechzig oder siebzig Stunden pro Woche arbeitet, dessen seelische Abgründe. Viele hingegen werden ihn für seinen Einsatz und Erfolg bewundern und beneiden.

Oft suchen Menschen in einer Krise auch Ratschläge bei Freunden, Kollegen, in der Familie oder beim Partner. »Du müsstest halt mal …«, »Sag doch einfach mal …«, »Mach es doch so, dass …« – so und ähnlich beginnen dann oft Sätze mit »gut gemeinten« Tipps und Ratschlägen. Sie bewirken in aller Regel aber kaum etwas Nachhaltiges. Auf diese Weise wird der Beratschlagte vielmehr in eine Schüler-Position gedrängt. Und einem Schüler muss man eben erklären, wie das Leben spielt.

Doch der »Schüler« hat sich ja bereits selbst wiederholt den Kopf darüber zerbrochen, was er nur tun könnte, um aus der Krise rauszukommen. Bestimmt ist er dabei schon zu ähnlichen Schlüssen gekommen, wie der »Lehrer« sie ihm nun gerade vermittelt. Bestenfalls bestätigt also ein solcher Ratschlag, tatsächlich etwas in die Wege zu leiten, an das der Betroffene auch schon gedacht hat.

Ein solches Lehrer-Schüler-Verhältnis kann jedoch auch fatale Folgen nach sich ziehen. Solange der »Lehrer« Ratschläge erteilt und der »Schüler« diese befolgt, drehen beide sich im Kreis gegenseitiger Abhängigkeit. Vielleicht »passt« der eine oder andere Tipp auch tatsächlich und die Krise entschärft sich. Oft gerät der »Schüler« dadurch aber erst recht in Teufels Küche und kann aus der Abhängigkeit nicht mehr aussteigen, ohne die Erfahrung von noch größerer Leere und Machtlosigkeit zu machen. Daher sind Tipps und Ratschläge, so gut sie auch gemeint sein mögen, meist problematisch.

Selbstverständlich gibt es auch Laien, die einen Menschen in einer Krise auf gekonnte und nachhaltige Weise unterstützen können. Eine gelingende Krisenbewältigung hängt nicht notwendigerweise vom Ausbildungsstand des Gegenübers ab. Vielmehr sind es die emotionalen und sozialen Kompetenzen eines Helfers, die es ausmachen, wie unterstützend und hilfreich jemand mit anderen umgehen kann.

Bei professionellen Helfern sollte man dies selbstverständlich voraussetzen dürfen, schließlich sind sie ja entsprechend ausgebildet. Außerdem haben sie den entscheidenden Vorteil, dass sie mit dem Notleidenden nicht in privater Beziehung stehen. Sobald nämlich private Interessen, etwa durch Verwandtschaft, Freundschaft oder Lebenspartnerschaft, bei der Krisenbewältigung dazukommen, ist die Gefahr von Komplikationen groß. Es braucht dann seitens des Helfers schon sehr hohe emotionale und soziale Kompetenzen, die eigenen Interessen dem seelischen Wachstum des Gegenübers bewusst unterzuordnen.

Nebst dem Partner, Freunden und Verwandten sind auch Vorgesetzte oder Berufskollegen bei der Krisenbewältigung in den wenigsten Fällen unabhängig, denn die betrieblichen Interessen stehen oft nicht im Einklang mit den seelischen Bedürfnissen eines Hilfesuchenden. Aber auch Seelsorger laufen Gefahr, nicht unvoreingenommen zu sein, vertreten sie doch eine Institution, die einem bestimmten Menschen- und Gottesbild folgt. Es bedarf dann schon einer hohen persönlichen Integrität, jemanden seinen eigenen Weg gehen zu lassen, wenn dieser womöglich im Widerspruch zur Theologie steht, die die Seelsorger als Amtsträger vertreten. Gerade gegenüber schwulen Männern ist dies absolut keine Selbstverständlichkeit.

Viele Menschen schämen sich aber für ihre Probleme und hocken diese über Jahre und Jahrzehnte aus, ohne überhaupt mit jemand darüber zu sprechen. Einige wenden sich in ihrer chronischen Not vielleicht an ihren Hausarzt. Es liegt dann an ihm, erstens zu erkennen, welches Problem der geschilderten Symptomatik zugrunde liegt, und zweitens zu entscheiden, ob er seinen Patienten selbst behandelt oder ihn an einen Psychiater beziehungsweise einen Psychotherapeuten verweist. So kommt Hausärzten, deren Behandlungszeit für den einzelnen Patienten ja meist sehr begrenzt ist und die in der Regel über keine psychologische oder psychotherapeutische Ausbildung verfügen, eine entscheidende Triagefunktion zu.

Wenden wir uns nun also dem professionellen Unterstützungsnetz, namentlich der ärztlichen Disziplin Psychiatrie beziehungsweise Psychopharmakologie, sowie den drei grundlegenden akademisch-psychologischen Therapierichtungen Kognitive Verhaltenstherapie, Psychoanalyse respektive Tiefenpsychologie und Humanistische Psychologie zu. Letztere verstehen sich als Psychotherapien im engeren Sinne und schließen als mehrjährige Ausbildungen an ein universitäres Psychologiestudium an.

Die im Folgenden erläuterten Thesen über die Menschenbilder der verschiedenen Fachrichtungen beinhalten keine Werturteile über die Fachleute, die mit diesen Ansätzen arbeiten, oder darüber, wie der einzelne Psychiater, Verhaltenstherapeut, Psychoanalytiker oder Psychotherapeut mit humanistischem Hintergrund in seiner Praxis konkret mit seiner Klientel umgeht. Das Verhältnis zwischen dem fachlichen Ansatz eines Psychiaters oder Therapeuten und seiner therapeutischen Arbeit dürfte sich etwa ähnlich stringent verhalten wie dasjenige zwischen dem offiziellen Parteibuch und der konkreten Arbeit eines bestimmten Politikers dieser Partei.

Ebene der Biochemie, der Psychiatrie und der Psychopharmakologie

Die ärztliche Fachdisziplin Psychiatrie ist Teil der Schulmedizin. Ein Psychiater hat somit Medizin studiert und sich in mehrjähriger theoretischer und klinischer Ausbildung in Psychiatrie spezialisiert.

Charakteristisch für psychiatrische Therapien ist die Behandlung mit Psychopharmaka. Der Einsatz von Medikamenten zielt ab auf den Abbau von Symptomen und pathologischen Verhaltensweisen. Aus welchen seelischen oder sozialen Gründen ein Mensch erkrankt, interessiert die Lehre der Behandlung mit Psychopharmaka, die Psychopharmakologie, hingegen nicht. Vielmehr *hat* der Patient eine Krankheit, beispielsweise eine Depression, die sich durch spezifische, umschriebene Symptome auszeichnet und die mit geeigneten Medikamenten behandelt werden kann.

So ist, nach psychopharmakologischer Auffassung, eine Depression auf eine Störung von Funktionen im Zentralnervensystem zurückzuführen, konkret auf die mangelhafte Synthese von bestimmten neurobiologischen Botenstoffen. Tatsächlich lässt sich auch nachweisen, dass im Großhirn von depressiven Patienten namentlich der Neurotransmitter Serotonin in ungenügender Konzentration vorhanden ist. Die Behandlung mit einem Antidepressivum setzt sodann auf dieser Ebene an. Beim besagten depressiven Patienten wird klassischerweise ein sogenannter selektiver Serotonin-Wiederaufnahmehemmer (SSRI) eingesetzt. Dieser beeinflusst den biochemischen Verarbeitungsprozess zwischen den Synapsen, also den Milliarden von Schaltstellen im Gehirn. Dadurch steigt die Konzentration von Serotonin im Blut an, was antidepressiv wirkt.

Jedenfalls stellen für die Psychopharmakologie die gestörten biochemischen Verarbeitungsmechanismen im Gehirn die Ursache für psychische Störungen, etwa Depressionen, dar. Mit einer gezielten Medikation, so die einschlägige Theorie, lässt sich dieser Prozess beeinflussen, womit auch die Störung gelindert wird oder im Idealfall verschwindet.

Die Hauptkritik von Seiten der Tiefenpsychologie und humanistischen Psychologie bei dieser Sichtweise der Entwicklung von Krankheiten lautet, dass dabei Ursache und Wirkung verwechselt werden. Die gestörte neurologische oder biochemische Funktion im Hirn sei wohl nachweisbar, doch sei sie nicht Ursache, sondern körperliche Begleiterscheinung, Auswirkung oder Symptom eines darunter liegenden seelischen oder sozialen Problems.

Seelische oder soziale Ursachen werden auf psychopharmakologischer Ebene aber gar nicht erwogen. Doch wenn psychische Krankheiten ursächlich auf gestörte biochemische Prozesse zurückzuführen wären, dürften sich die biochemischen Prozesse nach einer nichtmedikamentösen Behandlung auch nicht normalisieren. Genau dies passiert aber nach einer erfolgreichen Psychotherapie, was klar macht, dass die gestörten biochemischen Prozesse nicht Ursache, sondern auf der körperlichen Ebene begleitende Auswirkungen eines darunter liegenden Problems sind.[1]

Ist eine psychopharmakologische Behandlung erfolgreich, vermittelt eine so behandelte Krankheit dem betreffenden Menschen möglicherweise den Eindruck, auch seine Probleme seien damit gelöst. Doch wenn an den seelischen und sozialen Ursachen nichts verändert wird, ist dieser Eindruck trügerisch und vergleichbar mit einem Alkoholiker oder einem Drogenkonsumenten, der seinen Problemen nicht in die Augen schaut, sondern sie mit Suchtmitteln überdeckt. Wieso sollte er sich auch überhaupt mit den Missständen in seinem Leben auseinandersetzen, wenn doch die Einnahme einer Substanz

---

1 Ein ausschließlich psychopharmakologisch ausgerichteter Psychiater könnte hier natürlich einwenden, dass es auch die Möglichkeit von Spontanheilung gibt und man, anstelle einer Psychotherapie, mit dem Patienten auch »Mensch ärgere dich nicht« spielen oder gar nichts hätte tun können.

ihm Erleichterung verschafft? So verdecken Medikamente wie Suchtmittel unangenehme Wahrheiten.

Im Weiteren verursachen Psychopharmaka bei vielen Patienten unangenehme Nebenwirkungen, beispielsweise trockene Schleimhäute, Schwitzen, Libidoverlust, Gewichtszunahme oder das Gefühl, gar nicht wirklich am Leben teilzunehmen. Viele fühlen sich »wie in Watte gepackt« oder »hinter einer Glasscheibe«. Außerdem stellt sich das Problem einer Gewöhnung und damit einer drohenden Abhängigkeit. Bei vielen modernen Medikamenten ist dies weniger eine Frage der körperlichen als der psychischen Abhängigkeit.

Außerdem glauben viele mit Psychopharmaka behandelte Patienten, nicht selbst handeln zu können, um ihre Probleme anzugehen, sondern eben auf Medikamente angewiesen zu sein, die sie »gesund« machten. Psychologisch gesehen ist das Gefühl, selbst nicht in der Lage zu sein, etwas zu verändern, für einen Menschen absolut blockierend und hält eine Depression, eine Angsterkrankung oder eine andere psychische Krankheit langfristig erst recht aufrecht. Das Selber-bewirken-Können ist nämlich der Schlüssel für nachhaltige Veränderungsprozesse. Daher sollte sich professionelle Unterstützung nicht im Verabreichen von Psychopharmaka erschöpfen.

Für zahlreiche Menschen mögen Antidepressiva, Anxiolytika, Neuroleptika und Psychostimulantien ein Segen sein. Für die Pharmaindustrie sind sie es gewiss. Sie ist daran interessiert, möglichst viele ihrer Produkte zu verkaufen, und lobbyiert höchst erfolgreich für ihr Milliardengeschäft. Von psychologisch-psychotherapeutischen Behandlungen profitiert sie hingegen nichts. Vielmehr sind ihr Psychologen eine Konkurrenz.

Selbstverständlich können Psychopharmaka unter psychologischen Gesichtspunkten dennoch eine durchaus wichtige Rolle spielen. Die kontrollierte Einnahme von Medikamenten ist für einen schwer depressiven Menschen vielleicht der einzig gangbare Weg, seine Probleme, nach einer pharmakologisch bewirkten symptomatischen Linderung des akuten Leidensdrucks, anzugehen und dann psychotherapeutisch an sich zu arbeiten. So gesehen kann ein Antidepressivum eine Krücke sein, bis jemand überhaupt im Stande ist, eigene Schritte zu gehen. Außerdem verschaffen Psychopharmaka Menschen, die an ihrem Leben gar nichts ändern wollen, gegebenenfalls Erleichterung.

Die medikamentöse Behandlung seelischer oder sozialer Probleme mag somit eine Möglichkeit sein, den Leidensdruck auf der Symptomebene zu vermindern. Allerdings ist die Wirksamkeit von Antidepressiva, entgegen dem, was zahlreiche klinische Studien behaupten, nicht unumstritten. Eine Metaanalyse von 35 solcher Studien mit Daten von mehr als 12.000 Patienten ergab, dass SSRI (selektive Serotonin-Wiederaufnahmehemmer, die heute mit Abstand am häufigsten eingesetzten Antidepressiva) bei Patienten mit leicht- oder mittelgradigen Depressionen kaum, wenn überhaupt wirksamer als Placebos, also Pillen ohne pharmazeutischen Wirkstoff, sind (Turner et al., 2008). Eine Studie aus England bestätigt diesen Befund (Kirsch, 2009) und kommt zu dem Schluss, dass Antidepressiva nicht nur weniger effektiv seien als andere Behandlungsformen, etwa Psychotherapien, sondern darüber hinaus, neben den allgemein bekannten, auch schwerwiegende Nebenwirkungen, etwa erhöhte Suizidalität, auslösen können.

Die nichtmedikamentöse psychiatrische Behandlung ist konzeptuell schwer fassbar und stärker als die in den nachfolgenden Kapiteln diskutierten psychologischen Ansätze abhängig vom klinischen Ausbildungs- und Erfahrungshintergrund sowie von der Persönlichkeit der betreffenden Fachperson. Verglichen mit psychologischen Psychotherapeuten resultiert bei Psychiatern ein recht heterogenes Bild bezüglich psychotherapeutischer Ausbildung. Einige verfügen ebenfalls über ein fundiertes mehrjähriges psychotherapeutisches Aufbaustudium, andere greifen jedoch lediglich auf ihre klinischen Erfahrungen und Fortbildungen in psychiatrischen Kliniken zurück.

Die traditionelle Psychiatrie ist dabei oft von patriarchal

strukturierten Behandlungsansätzen geprägt, die häufig antiquierten Moralvorstellungen und überholten Menschenbildern entspringen. Beispiele hierfür liefert speziell auch ihre Auseinandersetzung mit Homosexualität. So muss die Psychiatrie von ihrer Geschichte her als ausgeprägt homophob bezeichnet werden. Gerade in Bezug auf Sexualität unterschied sie bis in die 1970er und 1980er Jahre hinein in patriarchal-pseudowissenschaftlicher Manier zwischen dem Gegensatzpaar »gesund« und »krank«, wobei Homosexualität zweifelsfrei unter die zweite Kategorie fiel.

Schwule Männer wurden, unabhängig davon, wie sie sich fühlten, wie sie lebten und liebten, als krank angesehen. Dieses Verständnis von Homosexualität seitens der Psychiatrie bewirkte – unter dem Deckmantel der Wissenschaft – menschenverachtendes Denken und teilweise grausamstes Handeln gegenüber Schwulen. Neben selbstherrlichen, demütigenden und pathologisierenden Zurechtweisungen und »Umpolungstherapien« erinnern Maßnahmen wie Lobotomien (Gehirnoperationen), Zwangskastrationen und -sterilisationen an Methoden, die uns aus der Zeit des Nationalsozialismus bekannt sind. Allerdings war diese Eugenik, also die Ausscheidung aller »Abartigen« von den »Gesunden«, nicht an die NS-Zeit gebunden. Vielmehr fanden sie schon weit vor den 1930er Jahren statt und überdauerten den Zweiten Weltkrieg noch um viele Jahre. Damit, so glaubten die damaligen Irrenärzte, könnten sie das gesunde Menschengeschlecht retten und das Abartige ausscheiden (Wottreng, 1999).

Spätestens heute müsste sich die Psychiatrie an die Aufarbeitung ihres schweren Erbes machen. Sie müsste die damals »zur Rettung des Menschengeschlechts« angewandten Maßnahmen klar auf den Tisch legen und diese als das verurteilen, was sie waren: als schlimmste Verbrechen gegen die Menschenwürde zahlreicher gleichgeschlechtlich empfindender Menschen. Zudem müsste die moderne Psychiatrie das Handeln altehrwürdiger Chefärzte in Frage stellen, was ein zu hoher Preis zu sein scheint. So bleibt eine breite Aufklärung, welche die damaligen

Opfer rehabilitieren und außerdem zukünftig ähnliche »Zeit-geister« von ihrem Tun abhalten könnte, auf die lange Bank geschoben. Immerhin bieten auch heute noch Therapeuten Umpolungen von Schwulen in Heterosexuelle an. Dabei sollte im Jahr 2010 unter Fachleuten hinlänglich klar sein, dass eine »Therapie«, die auf eine Veränderung der sexuellen Orientie-rung hinzielt, erstens unethisch ist, zweitens sowohl beim Kli-enten als auch beim Therapeuten einzig durch internalisierte Homophobie zu erklären ist und drittens auf der Ebene des Unbewussten respektive des inneren Erlebens und der Gefühle schlicht unmöglich ist (Wiesendanger, 2001). Eine allfällig »erfolgreiche« Umpolung käme höchstens vorübergehend auf der Ebene des äußeren Verhaltens zustande. Ihr Rezept ist eine kurzfristig erzwungene, homophob motivierte Gehirnwäsche und langfristig sowieso zum Scheitern verurteilt, denn im In-neren eines so behandelten Menschen ändert sich in Bezug auf seine sexuelle Orientierung natürlich nichts.

Selbstverständlich *können* Schwule aufgrund der familiären, gesellschaftlichen und kirchlichen Unterdrückung Depressio-nen, Angststörungen, Zwänge oder Psychosen entwickeln und suizidal werden. Werden diese psychischen Störungen aber nur symptomorientiert behandelt, ändert sich an den verin-nerlichten, selbstabwertenden homophoben Kognitionen, Ge-fühlen und Bildern überhaupt nichts. Dabei böte gerade eine seelische Krise bei schwulen Männern die Chance, blockierte homophobe Selbstanteile aufbrechen zu lassen, die mittels einer Psychotherapie angegangen und aufgearbeitet werden könnten. Mit einer symptomorientierten Behandlung hinge-gen wird die Problematik der internalisierten Homophobie nur weiter zugedeckt.

Wie die »alte Schule« der Psychiatrie basiert auch die moderne Psychiatrie auf der Grundlage einer klaren Dichotomie zwischen »gesund« und »krank«. Sie bezieht sich jedoch nicht mehr auf altväterliche, pseudowissenschaftliche Moralvorstellungen, son-dern auf die aktuellen Diagnosekriterien der Weltgesundheits-organisation (ICD) oder der American Psychiatric Association

(DSM). Von ihrem Menschenbild her ist sie damit mit dem nun dargestellten verhaltenstherapeutischen Ansatz vergleichbar.

Ebene des Denkens und der Kognitiven Verhaltenstherapie

Denken ist die wohl erfolgreichste evolutionäre Errungenschaft von uns Menschen. Zwar sind auch höher entwickelte Tiere zu Denkleistungen fähig, doch zweifelsohne ist der Mensch in seinem komplexen Denkvermögen allen anderen Lebewesen bei weitem überlegen.

Differenziert denken zu können und nicht einfach mehr oder weniger primitiven Überlebensinstinkten ausgesetzt zu sein, hat uns Menschen dazu befähigt, unser Leben weitgehend selbst zu gestalten. In unserem abendländischen Kulturkreis hat insbesondere der Geist der Aufklärung viel dazu beigetragen, Wissen systematisch zu erforschen und einer breiten Bevölkerungsschicht zugänglich zu machen.

So kommt dem Denken auch in der Psychologie eine herausragende Bedeutung zu. Die wissenschaftliche Richtung, welche die Art und Weise unseres Denkens am intensivsten erforscht und daraus eine Therapiemethode begründet hat, ist die Kognitive Verhaltenstherapie. Sie hat sich aus der Behavioralen Therapie entwickelt, die ihrerseits von Lindsley und Skinner in den 1950er und 1960er Jahren begründet wurde. Während die Gründerväter allein auf das sicht- und messbare Verhalten fokussierten und daraus Therapieansätze wie etwa Konditionierungen, Konfrontationsverfahren oder Desensibilisierungen mittels Aversionstechniken (Erläuterung siehe Seite 34) ableiteten, kam es in den 1970er Jahren zur »kognitiven Wende«. Wissenschaftliche Forscher, wie Lazarus, Bandura und Meichenbaum, rückten damit Störungen im kognitiven Bereich in den Vordergrund.

Kognitionen umfassen Einstellungen, Gedanken, Bewertungen und Überzeugungen eines Menschen zu einem bestimmten Sachverhalt. Mit der kognitiven Wende wurden denkerische Prozesse des Wahrnehmens, Erkennens, Begreifens, Urteilens und Schließens zum Mittelpunkt der therapeutischen Betrachtungsweise. Die Kognitive Verhaltenstherapie war geboren und wurde später durch die grundlegenden Erkenntnisse von Beck und Ellis ergänzt.

Die Kognitive Verhaltenstherapie geht davon aus, dass die Art und Weise, wie wir denken, den Menschen in seinem Fühlen, Verhalten und körperlichen Reagieren bestimmt. Schwerpunkte der Therapie sind demnach die Bewusstmachung von Kognitionen, insbesondere die Überprüfung von Schlussfolgerungen auf ihre Angemessenheit, die Korrektur von irrationalen Einstellungen und der Transfer der korrigierten Einstellungen ins konkrete Verhalten.

Für die Kognitive Verhaltenstherapie steht also die aktive Gestaltung von Denkvorgängen im Vordergrund. Sie bestimmen den Menschen im Affekt und im Verhalten. Ihr Dreh- und Angelpunkt ist somit das Denken. Denkt ein Mensch »richtig«, geht es ihm gut. Verrennt er sich in negative Denkschemata, leidet er. Solche negativen Schemata sollen in der Therapie aufgelöst werden.

Die Kognitive Verhaltenstherapie agiert somit änderungs- und nicht klärungszentriert. Mittels Problem- und Verhaltensanalysen werden Bedingungen herausgearbeitet, damit ein Veränderungsprogramm erstellt werden kann. Die genaue Diagnostik bildet daher die Grundlage für die Therapieplanung. Stavemann (2005) sowie Linden und Hautzinger (2005), welche federführend den aktuellen Stand der Kognitiven Verhaltenstherapie vertreten, beschreiben in ihren Werken folgerichtig klar gegliederte Handlungsempfehlungen für störungsspezifische Problemstellungen. Jedenfalls ist es – im Gegensatz zu den in diesem Buch weiter unten diskutierten klärungsorientierten Therapieansätzen – für die Kognitive Verhaltenstherapie nicht von Belang, die Ursprünge eines psychologischen Problems zu ergründen.

Auch Öst (2000) und Margraf (2000) postulieren, dass bei einer klar definierten psychischen Störung Heilung *ohne* Analyse der Entstehungsbedingungen möglich ist. Verhaltentherapie funktioniert demnach wie ein Medikament. Mit einem geeigneten Heilmittel, also einer aus dem Lehrbuch genau umfassten Intervention, wird die Störung behoben. Daher fügt sich die Kognitive Verhaltentherapie auch problemlos in den modernen schulmedizinisch-psychiatrischen Ansatz ein. Beide Therapieansätze sind änderungs-, nicht klärungsorientiert. Auf den Punkt gebracht, genügt einem Psychiater oder einem Kognitiven Verhaltenstherapeuten bei klarer Diagnose die »richtige« Medikation respektive die »richtige« verhaltenstherapeutische Intervention, um ein Problem zu lösen. Dabei sind weder die Persönlichkeit und die Gefühle des Klienten noch diejenige des Therapeuten von Relevanz, wenn diese nicht aus zwingenden Gründen zum umschriebenen Problem gehören, was wiederum nur selten der Fall ist.

In unserem Kulturkreis hat sich die Kognitive Verhaltenstherapie in den vergangenen zwanzig Jahren zur führenden universitären Methodik der Psychotherapie entwickelt. In Verbund mit der modernen Psychiatrie reklamiert sie den stärksten Wirkeffekt in der Behandlung von psychischen Störungen.

Kognitive Verhaltenstherapie, allenfalls ergänzt durch medikamentöse Behandlung, hilft zweifelsfrei vielen Menschen auf der Ebene des Denkens und – wenn Psychopharmaka verabreicht werden – auch auf der Ebene der Biochemie. Doch wird der Mensch damit auch in seinem Wesen erfasst? Kann auf diese Weise überhaupt nachhaltige Heilung erfolgen?

Von Seiten der Psychoanalyse respektive der Tiefenpsychologie und der Humanistischen Psychologie wird kritisiert, dass sowohl Psychiatrie wie Kognitive Verhaltentherapie lediglich auf eine Reduzierung von Symptomen hinzielten und die tiefgründigen Ursachen eines Problems unberücksichtigt blieben. Die Nachhaltigkeit von Kognitiver Verhaltenstherapie wird von den klärungsorientierten Therapierichtungen auch darum angezweifelt, weil kaum Raum für die Gefühle des Klienten bleibe, nur die Störung interessiere und für inneres Wachstum und Persönlichkeitsentwicklung kein Platz sei. Damit werde nur symptomatisch behandelt, eine nachhaltige Heilung verhindert und der Mensch letztlich entseelt. Dabei geschehen seelische Verletzungen aber, aus psychoanalytischer und humanistisch-psychologischer Sicht, auf der Ebene der Gefühle. Kognitionen seien Menschen dabei dienlich, das Geschehene einzuordnen. Doch *nachhaltige* Heilung erfolge nicht über die Neuordnung von Gedanken, sondern über die Aufarbeitung und Neuentfaltung von Gefühlen.

Schwulsein ist für die Kognitive Verhaltenstherapie kein spezifisches Thema mehr, denn seit Homosexualität Ende der 1980er Jahre aus den Klassifkationsmanualen für psychische Störungen (ICD und DSM) gestrichen wurde, stellt sie keine psychische Störung mehr dar. Bis zu diesem Zeitpunkt hingegen versuchten Verhaltenstherapeuten etwa mit Aversionstherapien der »Geisteskrankheit Homosexualität« Herr zu werden. Eine Aversionstherapie ist ein Verfahren, das darauf abzielt, ein Problemverhalten durch den Einsatz unangenehm wirkender Stimuli zu beseitigen. Dabei wurden in erster Linie elektrische, chemische oder bildhafte Reize eingesetzt. Beispielsweise musste ein schwuler Klient sich vorher ausgesuchte Bilder von attraktiven Männern anschauen und entsprechende Fantasien produzieren. Sobald ein spezielles Instrument, der Penisplethysmograph, den Beginn einer Erektion anzeigte, erhielt er einen unangenehmen Elektroschock am Arm.

Meines Wissens nimmt die Kognitive Verhaltenstherapie heute zwar Abstand von dieser Methode, doch zeigt sich – ähnlich wie bei der modernen Psychiatrie –, wie oberflächlich und, auf dem Hintergrund eines sich mit dem Zeitgeist verändernden Pathologieverständnisses, wie willkürlich ein auf die Symptomebene konzentriertes Verfahren angelegt ist. Solange Homosexualität als Krankheit galt, musste man sie behandeln. Seit dies nicht mehr der Fall ist, fällt ein Behandlungsbedarf weg. Diese Logik sagt allerdings mehr über das Menschenbild so argumentierender Wissenschafter und Therapeuten als über Homosexualität und schwule Männer aus.

Außerdem stellt das eigentliche Leiden schwuler Männer ja nicht ihre Homosexualität, sondern die von ihnen internalisierte Homophobie dar. Doch da es für internalisierte Homophobie keinen Diagnosecode gibt, bleibt sie für die Kognitive Verhaltenstherapie, wie auch für die moderne Psychiatrie, irrelevant, es sei denn, dass sich über eine Kognition ein »Denkfehler« bezüglich Homosexualität bemerkbar macht und es dadurch beim Patienten zu einer sogenannten ich-dystonen, also einer spannungshaften Verarbeitung kommt. Dann wird auf der Ebene des Denkens an dieser Störung gearbeitet.

Allerdings erweisen sich, gerade bezüglich der so tief verankerten Minderwertigkeitsgefühle wie der internalisierten Homophobie, rationale Einsichten langfristig als ineffektiv. So wird zwar ein schwuler Mann in einer Kognitiven Verhaltenstherapie beispielsweise auch herausfinden, dass er »es« seiner Mutter nicht sagt, weil er diese schonen will, und diese Schonhaltung hinterfragen. Mit seinem Therapeuten wird er alsdann vielleicht einen Plan aufstellen, wie mit dem Problem weiter umzugehen ist. Möglicherweise gelingt es ihm dadurch, sich gegenüber seiner Mutter tatsächlich zu outen, doch welche Traumatisierungen unbewusst mit dem Internalisieren von homophoben Bildern in der Kindheit und der Jugend geschehen sind, wird weiterhin ignoriert, jedenfalls nicht klärungsorientiert und auf der Ebene des inneren Erlebens und der Gefühle angegangen und gelöst. Somit bleibt das Grundproblem unbearbeitet.

Ebene des Unbewussten, der Psychoanalyse und der Tiefenpsychologie

Als Sigmund Freud Ende des 19. Jahrhunderts einen für den westlichen Kulturkreis völlig neuen psychologischen Ansatz begründete, der weder mit der Psychiatrie noch mit der damals noch jungen universitären Psychologie kompatibel war, löste er in der Fachwelt und bald darauf auch im Bildungsbürgertum großen Widerstand aus. Er nannte seine Disziplin Psychoanalyse und postulierte, dass der Mensch sein Leben keineswegs kraft seines Denkens und Willens steuern kann, sondern in seinem Handeln maßgeblich von unbewussten Kräften, namentlich seiner sexuellen Triebe, geleitet werde.

Dass der Mensch nicht einmal »Herr im eigenen Haus« sei, begründete nach Kopernikus, der beweisen konnte, dass die Welt sich nicht um die Erde dreht, sondern vielmehr die Erde um die Sonne, und nach Darwin, der die Entwicklung des Menschen mit einer biologischen Evolution erklärte, womit er den Homo sapiens seiner Sonderstellung jenseits des Tierreichs beraubte, die sogenannte dritte narzisstische Kränkung der Menschheit. Mit Kopernikus hatte die Erde ihre Sonderstellung verloren, dann mit Darwin der Mensch. Und nun sollte mit Freud selbst das Innere des Menschen, also sein Wille, nicht frei sein, sondern von unbewussten Kräften gesteuert werden. Diese These empörte viele Zeitgenossen Freuds zutiefst, zumal er das von ihm postulierte Unbewusste auf verdrängte sexuelle Triebe und Fantasien zurückführte.

Die Freud'sche Psychoanalyse ist nur eine, wenn auch die initiierende, Fachrichtung, die vom Grundkonzept eines Unbewussten ausgeht. Einige weitere Schulen, die Freuds Thesen mit neuen Schwerpunkten ergänzten, entwickelten sich schon früh von der Psychoanalyse weg, so die Analytische Psychologie nach Carl Gustav Jung, die Individualpsychologie nach Alfred Adler oder die Schicksalsanalyse nach Leopold Szondi. All diese Fachrichtungen zusammengefasst nennt man – in Abgrenzung zur Verhaltenstherapie einerseits und zur Humanistischen Psychologie andererseits – Tiefenpsychologie.

Zur Pionierzeit der Psychoanalyse waren Freud und Jung befreundet und pflegten einen intensiven wissenschaftlichen Austausch. Freud nannte Jung seinen begabtesten Schüler, doch sollten die beiden sich schon bald überwerfen. Jung kritisierte Freuds einseitige sexuelle Interpretation des Unbewussten. Er negierte die Kraft unbewusster sexueller Motivation zwar nicht, doch postulierte er daneben weitere, mindestens ebenso wichtige Triebfedern der menschlichen Seele. Insbesondere beschrieb Jung die Existenz des kollektiven Unbewussten. Auf dieser Ebene seien alle Menschen, letztlich sogar alle Lebewesen, miteinander verbunden. Jung formulierte mit anderen Worten die spirituelle Quelle menschlichen Empfindens und Handelns.

Damit erweiterte Jung Freuds Pionierleistung der Psychoanalyse substantiell. Auch mein Buch baut mehr als auf Freuds Thesen auf denjenigen von Jung auf. Das Wesentliche der Erkenntnisse der Tiefenpsychologie insgesamt scheint mir aber zu sein, dass uns erstens unser menschliches Dasein nur bedingt bewusst ist, dass sich also vieles im Unbewussten abspielt, und zweitens, dass dieses Unbewusste einerseits durch Sexualität, andererseits aber gerade auch durch Spiritualität geprägt wird.

Die Psychoanalyse respektive die Tiefenpsychologie unterscheidet sich somit in wesentlichen Merkmalen von der Kognitiven Verhaltenstherapie. Während die Kognitive Verhaltenstherapie auf der Ebene des Denkens und Verhaltens, also des Bewusstseins ansetzt und hier auf Veränderungen hinzielt, ist die Tiefenpsychologie klärungsorientiert und baut nicht nur auf rationalen Überlegungen auf, sondern fokussiert ebenso unbewusste Inhalte. Dabei kommt der Arbeit mit Träumen, die das Fenster und der »Königsweg« zum Unbewussten sind, eine herausragende Bedeutung zu.

Tiefenpsychologische Ansätze streben die Aufdeckung und Verarbeitung von verdrängten traumatischen Säuglings-, Kindheits- und Jugenderfahrungen an. Ein wesentliches Arbeitsinstrument für den Therapeuten oder Analytiker ist dabei die Übertragungs-Gegenübertragungs-Dynamik. In der Psychotherapie bringt der Klient dem Therapeuten Gefühle entgegen, die er zuvor wichtigen Bezugspersonen in seiner Kindheit und Jugend, namentlich seinen Eltern, Geschwistern, Lehrern und Freunden, entgegengebracht hat. Diese Reinszenisierung ist grundlegend wichtig. Deren Aufarbeitung im geschützten therapeutischen Rahmen bewirkt nach psychoanalytischem Verständnis Heilung (Mertens, 1990; Mentzos, 2002).

Mit dem Konzept des Unbewussten begeben sich tiefenpsychologische Ansätze per definitionem ins Feld von Theorien, die sich unter exakten Laborbedingungen, wie sie von Seiten der klassischen Naturwissenschaften verlangt werden, nicht oder nur bedingt nachweisen lassen. Es ist denn auch die Hauptkritik der Psychiatrie und der Kognitiven Verhaltenstherapie an die Adresse tiefenpsychologischer Schulen, dass ihre Konzepte spekulativ und damit, wenn überhaupt, nur sehr bedingt wissenschaftlich begründet seien.

Homosexualität wurde in der Vergangenheit von Seiten der Psychoanalyse und der Tiefenpsychologie ambivalent, jedoch zumeist negativ diskutiert und wird es teilweise bis heute noch. Es würde an dieser Stelle zu weit führen, all die pathologisierenden Theorien aufzuführen, die bis in die jüngste Zeit homophobes Agieren bei Psychoanalytikern begründen. Ich verweise hierzu auf die Recherchen von Udo Rauchfleisch (2001) und meine eigenen Thesen in den Büchern »Schwule und Lesben in Psychotherapie, Seelsorge und Beratung« (Wiesendanger, 2001) sowie »Gleich und doch anders« (Wiesendanger, 2002).

Sämtliche schwulenfeindlichen Argumente der Psychoanalyse leiten sich zusammengefasst aus deren Theorie ab, die behauptet, Homosexualität sei eine ausgeprägte, früh auftretende Entwicklungsstörung, während normale Entwicklung zum reifen Ausdruck der Heterosexualität führe. Die Störungen bei Schwulen seien auf einen für die psychoanalytische Theorienbildung charakteristischen frühkindlichen Konflikt in der ödipalen Phase zurückzuführen, welcher aber nicht »normal« gelöst werden könne, sondern in einem »negativen Ödipuskomplex« münde, was erstens zur Abkehr von Heterosexualität und zweitens zu schweren Persönlichkeitsstörungen führe. Letztlich lässt sich die offizielle, von vielen der publizierenden Psychoanalytiker der Vergangenheit, teilweise aber auch noch der Gegenwart vertretene Auffassung in der Kurzformel »Homosexualität = Krankheit« zusammenfassen (Wiesendanger, 2001).

Man muss davon ausgehen, dass Therapeuten, die auf dieses enge psychoanalytische Verständnis aufbauen, auch heute noch homophobe Konzepte in der Praxis anwenden, die für schwule Klienten natürlich alles andere als hilfreich sind. Vertreter solcher überholten Theorien sind im Übrigen weit hinter die Gedanken ihres Übervaters Sigmund Freud zurückgefallen, der, angesichts der damaligen sexual- und lustfeindlichen Zeit geradezu revolutionär, Homosexualität weitgehend entpathologisierte. Für C. G. Jung wiederum stellte seinerzeit Homosexualität eine Entwicklungsstörung dar, während seine Schüler sich über die Jahrzehnte immer deutlicher von dieser Ansicht distanzierten und in der heutigen jungianischen Schule Schwulsein weitgehend als gleichwertige Variante sexueller Entwicklung angesehen wird.

Ebene der Gefühle, des inneren Erlebens und der Humanistischen Psychologie

Die Humanistische Psychologie entstand in den 1950er Jahren aus einer Gegenbewegung zu den damals an den Hochschulen vertretenen Disziplinen Behaviorismus (Verhaltenspsychologie) und Psychoanalyse. Diese setzten sich zwar auch mit menschlichem Erleben und Verhalten auseinander, taten dies jedoch auf eine herablassend pathologisierende Art und Weise, die, aus humanistischer Sicht, dem Wesen eines Menschen keineswegs gerecht wurde. Insbesondere die Psychoanalyse entwickelte im und nach dem Zweiten Weltkrieg ein geradezu reaktionär anmutendes Pathologieverständnis. Aus humanistischer Perspektive betrachtet verkam die in ihren Ansätzen revolutionäre Psychoanalyse so immer mehr zu einer Wissenschaft, die, ebenso wie die Psychiatrie oder die Verhaltenstherapie, zwischen einem normativen »richtig« oder »falsch«

beziehungsweise »gesund« oder »krank« unterschied, als zu ergründen, was diese und jene seelische Gegebenheit für einen Menschen *tiefgründig* bedeuten. Gerade schwule Männer hatten in einem solchen Pathologieraster das Nachsehen, da Homosexualität damals, von wenigen Ausnahmen abgesehen, als Geisteskrankheit umschrieben wurde.

Demgegenüber baute die Humanistische Psychologie von Anfang an nicht auf einer Krankheitslehre auf, sondern stellte das innere Erleben und die Gefühle eines Menschen in den Mittelpunkt ihrer Betrachtung. Folgerichtig wurde auch Homosexualität nie als psychische Störung angesehen. Vielmehr stellte die Humanistische Psychologie als erste und in dieser Radikalität bis heute als einzige universitär begründete Therapieform die Frage, wie sich ein schwuler Mann in einer heterosexuell geprägten Umwelt denn überhaupt fühlt und was er für sein seelisches Wachstum benötigt.

Dies ist eine grundlegend andere Fragestellung, als ob eine Verhaltensweise »gesund« oder »gestört« ist, und stellt einen echten Paradigmenwechsel in der Psychologie dar. Carl Rogers vertrat zu seiner Zeit diese Haltung am entschiedensten, auch wenn er sich kaum explizit zum Thema Homosexualität äußerte, sondern Menschen mit all ihren Besonderheiten ganz allgemein in seinen Ansatz integrierte. Seine humanistisch-psychologische Philosophie, aus der er die *Personzentrierte Psychotherapie* (damals nondirektive Psychotherapie, später auch klientenzentrierte Psychotherapie oder Gesprächspsychotherapie genannt) konzipierte, besteht aus zwei Säulen, mit dem er die seelische Dimension des Menschseins umschrieb (Rogers, 1951).

Die eine Säule nannte er »Aktualisierungstendenz« – ein für Nichtfachleute eher schwer verständlicher Ausdruck, der sich aber gut mit »Lebensenergie« oder »Selbstheilungskraft« übersetzen lässt. Diese Lebensenergie beinhaltet nach Rogers eine allen Menschen innewohnende Kraft, die sich stets nach optimalem biologischem, sozialem, geistigem und seelischem Wachstum ausrichtet. Sie ist das Gute im Menschen und beinhaltet das, was uns im Kern ausmacht (Rogers, 1951). Manche Menschen, mich eingeschlossen, würden Lebensenergie auch mit »göttlicher Funke« übersetzen.

Die zweite Säule bilden die Bedingungen, unter welchen diese Lebensenergie gedeihen kann. Rogers benannte hierzu drei unabdingbare und gleichzeitig hinreichende Faktoren: *Empathie, unbedingte Akzeptanz* und *Authentizität* (Rogers, 1951).

Im professionellen Rahmen soll demnach ein Therapeut seinen Klienten im Gespräch empathisch, also einfühlsam begleiten. Er soll sich voll und ganz in sein Gegenüber einfühlen, was weit mehr als ein abstraktes denkerisches Nachvollziehen des Gesagten beinhaltet. Für die therapeutische Begleitung eines schwulen Klienten bedeutet dies etwa, sich voll und ganz auf dessen Erlebenswelt einzulassen und sich in alle Lebenslagen eines gleichgeschlechtlich empfindenden Menschen in einer heterosexuell ausgerichteten Umwelt einzufühlen. Dabei erlebt der Therapeut die Ängste, Scham-, Schuld- und Minderwertigkeitsgefühle einfühlend mit, die mit einer schwulen Biographie in Form internalisierter Homophobie in fast allen Fällen von Kindheit an einhergehen. Dies vermittelt dem Klienten das Gefühl, auch in seinen »finsteren« Gefühlen, Bildern und Gedanken verstanden zu werden.[2]

Mittels bedingungsloser Akzeptanz und Wertschätzung erlebt der Klient im Weiteren, dass er in seinem Erleben und in seinem Fühlen ohne Bedingungen angenommen wird. In der Humanistischen Psychologie gibt es kein Konzept, das zwischen »richtig« und »falsch« oder »gesund« und »krank« unterscheidet. So, wie der Klient sich fühlt, ist es voll und ganz in Ordnung.

Dieses bedingungslose Akzeptieren der Person und seiner

---

2 Empathie bedeutet aber auch, zu wissen und zu spüren, dass diese Gefühle nicht einem selbst, sondern dem Gegenüber gehören, und sie nicht in seinen eigenen seelischen Innenraum aufzunehmen. Dies wäre Gefühlsansteckung, ist unprofessionell und niemandem dienlich, denn damit wird der Helfer selbst hilflos.

Empfindungen wird allerdings, sowohl von Laien als auch von Fachleuten, oft missverstanden. Es bedeutet nicht, dass Verhaltensweisen, die andere Menschen oder auch diesen Mensch selbst schädigen, gutgeheißen werden. Vielmehr kann aber ein Klient, der sich in seinem Erleben und in seinen Gefühlen angenommen fühlt, auch vertieft über die Angemessenheit seines Verhaltens nachdenken und diese vor allem nachfühlen. Wenn dies geschieht, wird er, kraft seiner Lebensenergie und aus innerer Einsicht, fremd- und selbstschädigendes Verhalten mit der Zeit von allein fallen lassen und konstruktivere Wege für seinen Umgang mit sich und mit seinen Mitmenschen finden.

Die dritte Grundbedingung für das ungehinderte Fließen der Lebensenergie bildet eine authentische zwischenmenschliche Beziehung. Es nützt nichts und ist langfristig sogar kontraproduktiv, wenn ein Therapeut nur so tut, als würde er sich in seinen Klienten einfühlen und ihn akzeptieren. Ein solches Vorgehen ist heuchlerisch und führt zwangsläufig zu tiefen Verletzungen. Wenn der Therapeut also beispielsweise Mühe hat, die Homosexualität seines Klienten zu akzeptieren, kann er mit ihm nicht hilfreich arbeiten und sollte ihn an einen geeigneteren Kollegen überweisen.

Doch wenn der Klient fühlt, dass er im Gespräch einfühlsam begleitet wird, dass er in seiner Persönlichkeit ohne Wenn und Aber akzeptiert wird und dass sein Therapeut mit ihm in einer authentischen Beziehung steht, lösen sich, nach humanistischer psychologischer Theorie, Blockierungen seiner Lebensenergie von allein auf, was Heilung bewirkt. Auch wird er sich aus sich heraus konstruktiv, kooperativ und prosozial verhalten. Der Therapeut muss also nicht dies oder jenes *tun*, etwa aufgrund einer genau ergründeten Diagnose das richtige Verhaltensänderungsmanual anwenden oder das optimale Medikament verschreiben. Vielmehr ist es seine Aufgabe, mit Empathie, Akzeptanz und Authentizität ganz präsent zu sein, um Persönlichkeitsentwicklung geschehen zu lassen (Rogers, 1961).

Die Humanistische Psychologie, zu der neben der Personzentrierten Psychotherapie namentlich die Gestalttherapie nach Frederik Perls, die Transaktionsanalyse nach Eric Berne und die Prozessorientierte Psychologie nach Arnold Mindell gehören, hat aufgrund ihres Menschenbilds keine Tradition von Homophobie. So kann ein schwuler Klient ideal an seinen Problemen arbeiten. Dabei kann er immer klarer erkennen, welche unglaublichen seelischen Verirrungen mit bewussten, aber vor allem auch verdrängten Anteilen verinnerlichter Homophobie einhergingen und ihn etwa auch in seiner aktuellen Krise blockieren. Ob sich das Problem dabei in einem Burn-out, einer Angsterkrankung, einer Depression oder einer psychosomatischen Krankheit zeigt, ist für die Humanistische Psychologie unbedeutend.

Die Gestalttherapie begann mit Goodman bereits in den 1970er Jahren, Homosexualität explizit und positiv zu thematisieren (Goodman, 1977). Vor allem aber kommt der Prozessorientierten Psychologie das große Verdienst zu, die Problematik der Homophobie in ihrer ganzen destruktiven und selbstdestruktiven Bedeutsamkeit zu erkennen und hilfreiche Konzepte für die therapeutische Arbeit mit Schwulen und Lesben zur Verfügung zu stellen (Mindell, 2000).

Wenn in der Humanistischen Psychologie eine Diagnose für Krankmachendes bei schwulen Männern gestellt werden würde, müsste sie Homophobie respektive internalisierte Homophobie lauten. Aber eine solche Diagnose gibt es ebenso wenig wie die Diagnose Rassismus, Gier, Eifersucht, Egoismus oder Hass. Die klassischen Diagnosemanuale ICD (Internationale Klassifikation psychischer Störungen der Weltgesundheitsorganisation WHO) und DSM (Diagnostisches und statistisches Manual mentaler Störungen der American Psychiatric Association APA) ergeben also auf der Ebene des inneren Erlebens und der Gefühle wenig Sinn. Bestenfalls sagt eine solche Diagnose etwas darüber aus, was der unmittelbare Grund für den Ausbruch einer Krise ist und mit welchen Symptomen sie sich zeigt. Einer vertieften Betrachtungsweise wird eine klassische Diagnose, aus Sicht der Humanistischen Psychologie, aber nicht gerecht.

Die Not des inneren Kindes erkennen und heilen

Aus der Tiefenpsychologie wissen wir um die Kraft des Unbewussten in uns. Sigmund Freuds Psychoanalyse hat uns schon vor über hundert Jahren gezeigt, dass wir unser Leben nicht nur durch Denken und willentliches Entscheiden lenken, sondern dass wir im Wesentlichen durch unbewusste sexuelle Triebe, Wünsche und Fantasien geleitet werden. Carl Gustav Jung hat mit seinem Konzept des kollektiven Unbewussten und der Analytischen Psychologie gelehrt, dass das Unbewusste nicht nur individuell angelegt ist, sondern uns Menschen, ja alle Lebewesen, in einer spirituellen Dimension miteinander verbindet.

Die Humanistische Psychologie, insbesondere die von Carl Rogers begründete Personzentrierte Psychologie, ging Mitte des 20. Jahrhunderts nochmals neue Wege. Sie stellte das innere Erleben eines Menschen in den Mittelpunkt ihrer Betrachtung. Nicht Krankheitskonzepte, wie in der Psychiatrie, der kognitiv-behavioralen Richtung oder in psychoanalytischen Schulen, sind für den humanistischen Ansatz wesentlich, sondern das, was ein Mensch in seinem Inneren erlebt und fühlt.

Die Synthese der Ebene des Unbewussten mit derjenigen des inneren Erlebens schließt Erkenntnisse der Tiefenpsychologie ein, verabschiedet sich jedoch von deren konzeptionellen Krankheitsmodellen. Ein solcher humanistisch-tiefenpsychologischer Ansatz weiß um die Kraft des persönlichen und des kollektiven Unbewussten, geht aber von den Selbstheilungskräften, also der Lebensenergie eines jeden Menschen aus. Die

prägenden Erfahrungen aus der Kindheit, wie sie die Tiefenpsychologie beschreibt, werden damit ebenso in den Mittelpunkt einer Therapie gestellt wie die Erkenntnis der Humanistischen Psychologie, dass in der empathischen, akzeptierenden
und authentischen Zuwendung zum Hilfe suchenden Klienten
der Schlüssel für dessen Heilung liegt.

So können wir folgern, dass in uns Erwachsenen in seelischen Krisensituationen ein Kind in Not ist, das dringend
Zuwendung bedarf (Bradshaw, 2000). Einen »ganz normalen«
Erwachsenen mag es erstaunen, erstens überhaupt von der
Existenz eines inneren Kindes zu hören, das zweitens dann
auch noch sein Leben nachhaltig beeinflussen soll. Er würde
wohl eher sagen, dass er sein Leben selbst bestimme und
dieses allenfalls durch Unpässlichkeiten seitens des Umfelds
mitgeformt werde. So würde er etwa aufzeigen, dass er seinen
jetzigen Job selbst gewählt habe, jedoch auf der Karrierenleiter
leider nicht so weit wie gewünscht aufgestiegen sei, weil sein
Vorgesetzter ihm im Weg stehe. Oder er könnte sagen, dass er
eigentlich ganz glücklich mit seiner Beziehung sei, doch sein
Freund ihm das Leben durch Fremdgehen schwer mache. Dass
sein Erleben etwas mit unbewussten Kindheitserfahrungen zu
tun hat und der Schmerz des Karriereknicks oder des Betro-
genwerdens letztlich auf den Schmerz seines inneren Kindes
zurückgeht, wäre ihm wohl eher fremd.

Wenn wir vom inneren Kind sprechen, stoßen wir also
häufig auf unbewusste Schichten des Menschseins. Wie wir
aus der Tiefenpsychologie wissen, wird unser Handeln von
unbewussten Kräften wesentlich beeinflusst. So tun wir Dinge,
die wir nicht bewusst beabsichtigen, und geraten dadurch
in Schwierigkeiten. Die Kräfte, die uns unbewusst in diese
Situation oder Krise gebracht haben, haben ihre Wurzeln in
unseren Erfahrungen aus der Kindheit. Diese haben wir aber
größtenteils verdrängt.

Das innere Kind entfaltet somit eine in uns gefangene
Energie, die unser Erleben, unser Denken und unser Handeln
unbewusst lenkt. Je weniger wir von unserem inneren Kind

Kenntnis nehmen, umso vehementer wird es sich Gehör verschaffen. Daher ist es von größter Wichtigkeit, die Existenz des inneren Kindes überhaupt zur Kenntnis zu nehmen. Oft braucht es dazu erst einmal eine oder mehrere gehörige seelische Krisen.

Doch wie kam es damals, in unserer Kindheit, überhaupt dazu, dass wir in seelische Not geraten sind und unser inneres Kind heute um Hilfe schreit? Jedes Kind benötigt vorbehaltlose Liebe. Es bedarf einer beschützenden und liebenden Umgebung, in dem es sich entfalten kann. Es braucht die Gewissheit, dass es, so wie es ist, verlässlich angenommen wird. Für ein Kind ist es geradezu existentiell, dass es in seinem Sein überhaupt wahrgenommen und beachtet wird. Wenn diese Voraussetzungen nicht oder nur mangelhaft erfüllt sind, gerät es in große Not und wird seelisch verletzt. Eine tiefe Wunde bleibt in ihm zurück.

Jedes Kind hat sinnvollerweise Fähigkeiten in sich, selbst mit widrigsten Bedingungen zu Rande zu kommen, in dem es Überlebensstrategien entwickelt. Darin stellt es seine eigenen Bedürfnisse zurück und passt sich denjenigen seiner Bezugspersonen an. Auf diese Weise sichert es sich nicht weniger als sein seelisches Überleben. Doch das Kind blutet innerlich, kann die traumatisierende Situation nicht verarbeiten und wird die erlittenen Verletzungen nie vergessen. So schreit es in Form eines inneren Kindes ein Erwachsenenleben lang, bis wir uns ihm, vielleicht erst Jahrzehnte später, in einer Krise endlich zuwenden.

Dreh- und Angelpunkt seelischer kindlicher Verletzungen liegen also in den Entbehrungen von eigenen Gefühlen und emotionalen Bedürfnissen. Eine solche Gefühlsdeprivation[1] hat mit der Unfähigkeit der wesentlichen Bezugspersonen des Kindes zu tun, angemessen mit dessen Gefühlen und seelischen Bedürfnissen umzugehen. Dies wiederum rührt vom Umstand her, dass die primären Bezugspersonen – in der

---

1 Mangel oder Entzug von Gefühlen.

Regel sind es die Eltern – selbst seelisch unreif waren, als sie elterliche Verantwortung hätten tragen müssen, da sie ihrerseits als Kinder verletzt wurden, diese Verletzungen aber nie verarbeitet haben. So werden seelische Dramen unbewusst von Generation zu Generation weitergegeben.

Das von seinen Gefühlen deprivierte Kind bestimmt, zunächst völlig unbewusst, unser Leben als Erwachsener weitgehend mit. Es hat einen unersättlichen Hunger nach Beachtung, nach Zuneigung, nach Liebe, wird von eben diesem Hunger getrieben und setzt alles daran, dass es endlich akzeptiert und geliebt wird.

In unserer Gesellschaft wird man vor allem für schulische und berufliche Leistungen, Geld und Macht beachtet und bewundert. In der schwulen Welt ist es außerdem höchst erstrebenswert, gut aussehend und jugendlich zu sein oder zumindest so zu wirken. Dafür wird man anerkannt und kann sich, zumindest vorübergehend, der Illusion hingeben, geliebt zu werden.

Nur hat dieses Gefühl, geliebt zu sein, nichts mit wahrer Liebe zu tun. Vielmehr entpuppt es sich als Scheingefühl, denn es sind Äußerlichkeiten, für die man geliebt wird. Wahre Liebe misst sich aber nicht an Äußerlichkeiten, sondern bezieht sich immer auf den Kern, das Wesen einer Person. Daher ist das Gefühl des aufgrund von Attributen Geliebtwerdens trügerisch. Es verliert schnell seine Kraft und ist flüchtig. Dann droht die Leere. Also sind noch mehr Leistung, noch mehr Geld, noch mehr Prestige, noch mehr Scheinjugendlichkeit angesagt, damit der Schmerz des Nicht-für-seine-Person-geliebt-worden-Seins nicht aufkommt und die Illusion des Jetzt-geliebt-Werdens aufrechterhalten bleibt. Gelingt dies nicht, droht eine tiefe seelische Krise, etwa in Form einer Depression, einer Angststörung, eines Burn-out oder einer psychosomatischen Krankheit. In schwerwiegenden Fällen wird ein solcher desillusionierter Mensch suizidal.

Doch der Schmerz des Nicht-für-seine-Person-geliebt-worden-Seins ist der Schrei unseres inneren Kindes. Wenn ein

Kind in dem, was es in seinem Wesen ist, nicht willkommen geheißen, erkannt und beachtet wird, erlebt es ein großes innerseelisches Drama. Dies ist der tiefere Grund dafür, dass wir als Erwachsene in seelische Krisen geraten, mit welchen psychischen oder körperlichen Symptomen sie sich auch immer zeigen mögen.

Neben einem Dach über dem Kopf, genügend Nahrung, Spielzeug und Schulbildung benötigt ein Kind also Liebe. Allerdings ist damit nicht die Art von »Liebe« gemeint, die es bekommt, wenn es folgsam ist und das macht, was es geheißen wird. Vielmehr ist eine verlässliche, nicht an Bedingungen geknüpfte Liebe gemeint, die ihm körperlich und seelisch zu verstehen gibt, dass es in seinem Wesen voll und ganz in Ordnung ist.

Auf der Körperebene sollte ein Kind daher unbedingt immer wieder selbstverständlich und verlässlich gestreichelt, liebevoll massiert, getragen und liebkost werden. So kann es das Gefühl entwickeln, dass sein Körper, genau so, wie er ist, voll und ganz in Ordnung ist, geliebt wird und dass daran nichts falsch oder gar ekelig ist. Dieses Gefühl wird es auch in die Pubertät und ins Erwachsenenalter hineintragen und unterliegt dann nicht den von außen definierten, letztlich lebensfeindlichen üblichen Schönheitsvorstellungen, egal wie »schön« es »objektiv gesehen« ist.

Verlässlicher, altersgerechter, liebevoller Körperkontakt ist für ein Kind also existenziell wichtig. Wird es mehr oder weniger nur funktional gewickelt und getragen, fehlt etwas Entscheidendes. Ein solcher Umgang vermittelt ihm nämlich das Gefühl, an seinem Körper sei etwas nicht in Ordnung. Es kann sich dann körperlich nur partiell oder gar nicht wahrnehmen, geschweige denn seinen Körper lieben lernen. Vielmehr macht es die Erfahrung, dass das Körperliche etwas Ungutes, Unreines oder Unpassendes ist, dem man, über das unabdingbar Funktionale, besser keine Beachtung schenkt. So versucht es später in seiner Entwicklung, Schönheits- und Modeidealen hinterherzurennen, die es nie erreichen wird, selbst wenn es als Jugendlicher oder Erwachsener mit seinem Aussehen eigentlich mehr als zufrieden sein könnte. Unangemessenes Essverhalten, Essattacken, x-maliges Ausprobieren und baldiges wieder Aufgeben von Diäten, Magersucht oder Ess-Brech-Sucht sind dann häufige Entwicklungen.

Was für den Körper im Allgemeinen zutrifft, gilt im Besonderen für den Bereich der Genitalien, den Po und die Brüste. Werden diese nicht altersgerecht in einer Selbstverständlichkeit mitstimuliert, entwickelt sich beim Kind das Gefühl, dass ganz besonders »da unten« etwas nicht in Ordnung ist. Oft wurden und werden teilweise auch heute noch Kinder dafür getadelt, wenn sie ihre Genitalien streicheln und massieren. So wird Lust zum Verbotenen, zum Ekligen oder zum Bösen und Sündigen und führt zur Abspaltung der sexuellen Energie. Wie soll sich daraus eine reife Sexualität entwickeln?

Eine körperlich-erogene Deprivation oder Teildeprivation, wie sie vor allem bis vor einigen Jahrzehnten viele Kinder erleiden mussten, führt zu einem unersättlichen Hunger. Wenn dieser Hunger nicht völlig verdrängt wird, entsteht ein süchtiges Suchen nach Sex. Dabei ist das Stillen dieses Hungers von einem Gegenüber abhängig, sei es nun der Partner oder seien es Gelegenheitskontakte. Jedenfalls soll ein anderer den Hunger von einem selbst stillen, was natürlich ein Ding der Unmöglichkeit ist. Je nach kurzfristigem »Erfolg« entsteht zwar das Gefühl der momentanen Befriedigung. Doch ist dieses Gefühl sehr flüchtig. Kaum ist die Umarmung gelöst, kaum ist der Orgasmus vorbei, wird nach neuem »Material« Ausschau gehalten – ein wahres Fass ohne Boden.

Mit elterlicher Stimulation des Körpers und erst recht der Geschlechtsorgane ist natürlich nicht eine egozentrische Lustbefriedigung des Erwachsenen auf Kosten des Kindes gemeint. Dies ist sexueller Missbrauch und führt zu schwersten Traumatisierungen. Eine reife Mutter und ein reifer Vater werden in sich spüren, was für das kindliche Kennen- und Liebenlernen angemessen ist und wo grenzüberschreitend ein eigenes triebhaftes Bedürfnis abgedeckt wird. Außerdem hat körperliche Zuwendung ein dem Alter entsprechendes Korrelat. So ist es keineswegs angemessen, ein schulpflichtiges Kind oder gar einen Pubertierenden an seinem Geschlecht zu stimulieren, während eine liebevolle Massage im Baby- oder Kleinkindesalter, die auch das Glied oder die Scheide, den Po und die Brüste selbstverständlich mit einbezieht, sehr förderlich für seine Entwicklung ist.

Nebst dem altersgerechten körperlichen Umgang braucht ein Kind aber auch ein emotional tragendes, zuverlässiges und vorbehaltlos liebendes Umfeld. Wenn es geboren wird, ist es gänzlich dem Wohlwollen seiner Umwelt ausgeliefert. Es ist im wahrsten Sinne des Wortes hilflos. Es braucht Wärme und Nahrung.

In unserer westeuropäischen Kultur sind Wärme und Nahrung, im Sinne eines Dachs über dem Kopf, ausreichend zu essen haben und auch Schulbildung, heute in aller Regel eine Selbstverständlichkeit. Dabei ist es noch gar nicht so lange her, dass auch bei uns Armut und Hunger herrschten. Es ist ein riesiges Privileg der Nachkriegsgeneration und deren Kinder, in einer Wohlstandsgesellschaft zu leben, in der in der Regel zumindest diese Grundbedürfnisse abgedeckt sind. Doch die Befriedigung der materiellen Grundbedürfnisse führt nicht kausal zu einer höheren emotionalen Lebensqualität, wenngleich sie eine Bedingung dafür ist. So leiden viele Menschen, trotz genügend Essen, an Hunger: dem Hunger nach Liebe.

Wenn die Eltern ihr Kind nicht ohne Vorbehalt lieben, sondern nur dann, wenn es sich auf die eine oder andere Weise verhält, entstehen unweigerlich tiefe seelische Verletzungen. Dabei ist unter vorbehaltsloser Liebe nicht zu verstehen, dass Eltern jedes Verhalten ihres Kindes billigen sollen. Wenn ein Kind sich zerstörerisch oder selbstzerstörerisch verhält, etwa indem es seine Geschwister drangsaliert oder nur Chips und Süßes essen will, bedeutet vorbehaltlose Elternliebe auch, dem Kind Grenzen zu setzen.

Das Kind kann noch nicht erkennen, wann es seinem Bruder oder seiner Schwester weh tut oder dass übermäßiger Genuss von Schokolade seiner Gesundheit schadet. Im Grenzensetzen fördern Eltern die Fähigkeit zur Empathie ihrer Kinder, sofern sie ihm sein Verhalten nicht einfach verbieten, sondern ihm ihre Intervention altersgerecht erklären.

Kindern ist Empathie, also die Einfühlung in andere und – auf einer tiefgründigen Ebene – in sich selbst, angelegt, doch muss sie geweckt und gefördert werden. Erst wenn ein Kind erfährt und erlebt, dass seinen Geschwistern das Geschlagenwerden weh tut, entwickelt es sich empathisch. Wenn Eltern hingegen sein Verhalten einfach verbieten, ohne empathisch zu erklären, warum sie dies tun, oder wenn sie es gar ein böses Kind schimpfen, macht es im ersten Fall die Erfahrung, dass der Stärkere das Sagen hat und im zweiten Fall außerdem, dass an ihm etwas grundlegend nicht richtig ist. Wird dem Zurechtweisen darüber hinaus mit Schlägen Nachdruck verliehen, was bis vor einigen Jahrzehnten durchaus üblich war, prügelt man einem Kind selbstabwertende Erfahrungen buchstäblich ein.

Mangelnde Empathie für ihr Kind ist es ja gerade, die Eltern unbewusst und in aller Regel ungewollt zu Tätern emotionalen Missbrauchs macht. Wenn Eltern selbst nur defizitär Liebe und Empathie seitens ihrer eigenen Eltern erlebt haben, ist es eine große und absolut nicht selbstverständliche Leistung, ihr Schicksal nicht eins zu eins an ihr Kind weiterzugeben.

Wenn ein solcher intergenerationaler Wandel stattfindet, ist die Gefahr allerdings groß, dass der hilflose Erziehungsstil der Elterngeneration gerade ins Gegenteil umschlägt, aber ebenso hilflos bleibt. So wird aus anerzogener Strenge etwa Verwöhnung oder aus körperlicher Deprivation unangemessen exzessiver Körperkontakt. Nur ja nicht so wie die Eltern sein, lautet dann die Devise. So neigen beispielsweise die Kinder der von der Kriegsgeneration noch disziplinierend erzogenen 68er-Generation wieder zu Wertkonservativismus, obwohl man ihnen häufig eine Form antiautoritärer Erziehung angedeihen ließ. Sie sind somit in einigen Belangen ihren Großeltern wieder recht ähnlich. So ist dieses intergenerationale Hin- und

Herpendeln zwischen Zuckerbrot und Peitsche auch nicht mit reifer Erziehungsverantwortung zu verwechseln. Hingegen sind wirkliche Empathie für die seelischen und körperlichen Bedürfnisse des Kindes, bedingungsloses Akzeptieren seines Wesens und eine authentische Eltern-Kind-Beziehung der Schlüssel für ein optimales kindliches Wachstum und das Entwickeln einer reifen, liebenden erwachsenen Persönlichkeit.

Kaum jemand hat als Kind von seinen Eltern jedoch ausschließlich Empathie, unbedingte Akzeptanz und eine stets authentische Beziehung erlebt. Wenn ein Kind sexuell missbraucht, immer wieder geschlagen oder massiv gedemütigt wurde, sind die Spuren der Verletzung deutlich zu erkennen. Weit häufiger sind jedoch subtilere Formen von Verletzungen. Gerade wenn die Verletzungen »nur« emotionalen Ursprungs sind, sind die Folgen im Erwachsenenalter sehr viel schwerer aufzudecken. Oft stellen betreffende Erwachsene auch gar keinen Zusammenhang zwischen ihrer aktuellen Krise und ihren Kindheitserfahrungen her. Vielmehr verklären sehr viele Erwachsene, die nicht handfesten Misshandlungen ausgesetzt waren, ihre Kindheit aufgrund von unbewussten Scham- und Schuldgefühlen. Es durfte schon damals nicht sein und darf es auch heute nicht, dass die Eltern als emotional unfähig wahrgenommen werden. Zu erkennen, dass es aber tiefe innerseelische Zusammenhänge zwischen der emotionalen Unreife und der aktuellen Krise gibt, ist ein wichtiger und unabdingbarer Schritt zur Heilung. Mit diesem Schritt nehmen wir das in Not geratene Kind in uns wahr. Bei schwulen Männern lässt sich diese Brücke exemplarisch anhand ihrer damaligen und oft auch aktuellen internalisierten homophoben Anteile schlagen und für den therapeutischen Prozess nutzen.

Internalisierte Homophobie

Die Weltgesundheitsorganisation stellte 1991 mit ihrer Klassifikation psychischer Störungen (ICD-10) klar, dass gleichgeschlechtlich ausgerichtete Sexualität weder eine medizinische noch eine psychische Krankheit darstellt, indem sie die bis dahin existierenden und pathologisierenden Diagnosen Homo- und Bisexualität fallenließ und sie damit der Heterosexualität gleichstellte. Die vor allem in Übersee federführende American Psychiatric Association stellte denselben Sachverhalt mit ihrem Diagnostikum (DSM-III-R) bereits 1987, also vier Jahre früher fest.

Der Umstand, dass aber trotz der wissenschaftlichen Entpathologisierung Homosexualität in der Gesellschaft nach wie vor nicht dieselbe Wertigkeit erfährt wie Heterosexualität, zeigt deutlich, dass es sich beim Umgang mit Homosexualität um ein tiefer liegendes, allgemein soziales und im Besonderen kirchliches Problem handelt[2], welches nur bedingt mit dem wissenschaftlichen Erkenntnisstand Schritt halten vermag. So stoßen Teile der Gesellschaft sowie die meisten Kirchen angesichts gleichgeschlechtlicher Sexualität nach wie vor an ihre Grenzen. Aus Abwehr reagieren sie ihre Angst vor dem eigenen Identitätsverlust in mehr oder weniger aggressiver Form an schwulen Männern ab als den vermeintlich Verursachenden ihrer uneingestandenen Bedrängnis.

Doch es sind nicht die Homosexuellen, die in ihrem Erleben und Verhalten krank oder gestört sind. Selbstverständlich *können* auch gleichgeschlechtlich Empfindende – ebenso wie Heterosexuelle – das gesamte Spektrum seelischer und körperlicher Erkrankungen entwickeln. Dies hat aber nichts mit ihrer Sexualorientierung zu tun, sondern beruht auf anderweitigen Ursachen, nämlich solchen, die auch bei heterosexuellen Menschen Krankheiten entstehen lassen können. Hingegen müs-

---

2   Ich werde darauf im Kapitel »Eigenständige Spiritualität« vertieft zu sprechen kommen.

sen die verschiedenen Formen von antihomosexueller Gewalt seitens der Gesellschaft und der Kirchen als gestörte Verhaltensweisen bezeichnet werden, welche ihrerseits Schwule in ihrer Entfaltung teilweise massiv beeinträchtigen und unter denen sich *sekundär* Störungen und Krankheiten entwickeln können. Der Patient, also krank, ist somit keineswegs der Homosexuelle. Vielmehr sind der unreflektierte Heterosexismus und die gesellschaftliche Homophobie sowie die vom Individuum verinnerlichte Homophobie krankhafte Erscheinungen (Wiesendanger, 2002).

Warum aber kommt es überhaupt dazu, dass ein Teil der Gesellschaft, welcher sich heterosexuell identifiziert, feindselig mit Andersfühlenden umgeht? Der Grund dafür liegt in einer unreflektierten, allgegenwärtigen Überhöhung von heterosexuellen Werten, einem eigentlichen Heterosexismus. Dieser kann sich in destruktiven Verhaltensweisen gegenüber gleichgeschlechtlich Empfindenden, in Homophobie oder in antihomosexueller Gewalt äußern.

So verstehen wir unter Heterosexismus ein individuelles, gesellschaftliches und institutionalisiertes Denk- und Verhaltenssystem, das Heterosexualität gegenüber anderen Formen sexueller Orientierung als überlegen klassifiziert. In unserer Kultur stellt Heterosexismus eine meist unreflektierte, omnipräsente Größe gesellschaftlicher Umgangsform dar, in der von frühester Kindheit an fast alle Menschen aufwachsen und der sich kaum jemand entziehen kann. Dieser Heterosexismus findet seinen idealen Nährboden auf einem patriarchalen Untergrund, welcher die heterosexuelle Männermacht und die damit verbundene Abwehr fördert. Unter diesem Machogebaren leiden seit Jahrhunderten vor allem Frauen, aber auch offen schwul lebende Männer, die natürlich durch ihren Lebensstil die Fundamente des Patriarchats infrage stellen.

Homophobie bezeichnet sodann eine gegen Schwule und Lesben gerichtete individuelle und soziale Aversion, die vordergründig mit Abscheu und Ärger, tiefgründig und meist unbewusst hingegen mit Angst in Bezug auf Unsicherheiten in der eigenen (sexuellen) Identität einhergeht. Heterosexismus und Homophobie bedingen und speisen einander.

Homophobie gegenüber Schwulen kann auch als die unbewusste Verachtung des Weiblichen im Mann verstanden werden. Diese glauben die Aggressoren bei schwulen Männern zu orten und müssen sie ablehnen, weil sie auch das Weibliche in sich ablehnen. Doch dies zeigt lediglich ihre unbewusste Angst vor den eigenen Gefühlen, vor der eigenen Sensitivität, welche sie in ihrer Sozialisation als unmännlich verdrängen mussten. Schwule Männer sind dabei die für sie geeigneten Objekte, auf die sie ihre Angst und Scham projizieren und von denen sie ihre daraus entstandene Destruktivität ableiten können. Damit tun sie allerdings nichts anderes als ihren eigenen seelischen Schatten, ihre eigene Angst kund (Wiesendanger, 2001).

Homophobie ist in einigen zentralen Punkten mit anderen gesellschaftlich verankerten Problemen vergleichbar, so etwa mit Sexismus, Ethnozentrismus, Rassismus oder Antisemitismus. Auf eine ähnliche Art und Weise wie gleichgeschlechtlich Empfindende werden Andersfarbige oder Andersgläubige stigmatisiert, diskriminiert und verbal oder teilweise tätlich angegriffen.

Aus humanistisch-tiefenpsychologischer Sicht handelt es sich bei Homophobie – wie bei Sexismus, Rassismus oder Antisemitismus – also um eine meist unbewusste Angst vor der Infragestellung der eigenen Identität. Diese Angst hat hintergründig mit den angegriffenen Individuen und Gruppen nichts zu tun, sondern verweist auf die Unsicherheiten der Aggressoren selbst. Denn bei allen vier Formen der Identität, nämlich bei der sexuellen Identität (Abwehrform: Homophobie), der Geschlechtsrollenidentität (Abwehrform: Sexismus), der kulturellen Identität (Abwehrform: Rassismus) und der religiösen Identität (Abwehrform: beispielsweise Antisemitismus), handelt es sich um absolut grundlegende Formen menschlichen Daseins. Werden diese infrage gestellt, wenden sie sich – meist unbewusst – in Form von aggressiven Projektionen gegen die vermeintlichen Verursacher im Umfeld

(Schwule, Lesben, Bisexuelle, Frauen, Juden, Muslime, Dunkelhäutige etc.). Auf diese Weise entsteht Hass. Und Hass ist immer ein Ausdruck von uneingestandener und abgespaltener Angst und das Gegenteil von Liebe (Wiesendanger, 2005).

So wird offensichtlich, dass Menschen, die andere stigmatisieren und diskriminieren, ein großes, meist unbewusstes und uneingestandenes Problem mit ihrer eigenen Identität haben. In Bezug auf gleichgeschlechtlich Empfindende handelt es sich um eine Angst im Umgang mit der eigenen (hetero-)sexuellen Identität sowie um eine Angst um den Verlust der damit verbundenen Machtprivilegien.

Die sozialen Auswirkungen dieser Angst – und diese Angst in Form von Unsicherheit in der eigenen Identität ist das Problem bei Homophobie schlechthin! – zeigen sich auf destruktive Weise und im Dienst der Abwehr möglicher homo- oder bisexueller Lebensalternativen in verschiedenen Formen antihomosexueller oder homophober Gewalt: Angefangen bei der täglich von Schwulen erfahrenen »heterosexuellen Vorannahme« des sozialen Umfelds, reicht das Spektrum über unreflektierte Übernahmen heterosexistischer Werte, »lustige« Schwulenwitze, abwertende Äußerungen bis hin zu massiven Beschimpfungen und physischen Gewaltakten (Wiesendanger, 2001).

Gleichgeschlechtlich Empfindende tragen ein erhöhtes Risiko, Opfer von manifester physischer Gewalt zu werden. Dem »Schwulen-Klatschen« (Verprügeln) sind natürlich besonders diejenigen ausgesetzt, welche an Orten der sogenannten Szene als Schwule erkennbar werden. Täter sind meist Gruppen von männlichen Jugendlichen und jungen Erwachsenen, welche sich quasi einen »Sport« daraus machen, ihre Opfer teilweise auf brutalste Weise zu misshandeln. Für ihr Tun haben sie keinerlei Schuldbewusstsein und legitimieren es mit faschistoiden, rechtsradikalen Einstellungen, etwa »das Land von Perversen säubern« zu wollen (Rauchfleisch, 2001).

Auf psychischer Ebene geschieht eine Vielzahl verschiedener Formen von Diskriminierungen, die unterschiedliche Auswirkungen auf die seelische Integrität von Schwulen haben. Es sind einerseits auf dem Hintergrund einer heterosexistischen Umwelt eher unreflektierte Diskriminierungen, andererseits aber auch Formen psychischer Gewaltanwendung, welche klar und vorsätzlich gegen gleichgeschlechtlich Empfindende zielen.

Heterosexismus ist ein Thema, das sich für schwule Männer tagtäglich stellt, und ist – je nach Umfeld – mehr oder weniger stark ausgeprägt. Im Heterosexismus wird ausschließlich von heterosexuellen Standards ausgegangen. Somit müssen sich gleichgeschlechtlich Empfindende dauernd damit auseinandersetzen, dass sie einer solchen heterosexuellen Rollenerwartung nicht entsprechen. Vor einem Coming-out bedeutet dies eine stetige Aushöhlung der eigenen Identität, die in dieser Entwicklungsphase sowieso oft brüchig ist. Niemand kann dem Heterosexismus ausweichen – weder heterosexuell Empfindende selbst noch Schwule, wobei die Konsequenzen für letztere natürlich tiefgreifender sind.

Wie zeigen sich nun die manifesten und subtilen Verletzungen aufgrund von Heterosexismus und Homophobie im Leben gleichgeschlechtlich Empfindender? Welches sind die seelischen Auswirkungen unbedachter oder vorsätzlicher homophober Äußerungen, Diskriminierungen und Gewaltakte für sich schwul entwickelnde Kinder und für schwule Jugendliche und Erwachsene?

Zwar ist es unmöglich, die Vielfalt der Unterdrückungserfahrungen in schwulen Biographien über einen Leisten zu scheren. Aus meiner Erfahrung heraus ergibt sich hingegen doch so etwas wie ein roter Faden, der viele Lebensgeschichten von schwulen Männern durchzieht, die in den 1950er, 1960er, 1970er und noch Anfang der 1980er Jahre zur Welt kamen. Biographien älterer Semester sowie der ganz jungen Generation mögen von dieser »prototypischen« Entwicklungsgeschichte stärker abweichen – ältere Generationen unter gesellschaftlich gesehen schwierigeren, die jüngere Generation unter erleichterten Bedingungen –, auch wenn das Grundsätzliche durchaus auch auf sie zutreffen wird. So gibt es so etwas wie eine »typische« Biographie von schwulen Männern, die heute zwischen Ende zwanzig und Ende fünfzig sind und in der BRD, Österreich oder der Schweiz aufgewachsen und sozialisiert wurden.[3] Ich selbst, 1964 in der Nähe von Zürich geboren und aufgewachsen, gehöre auch dazu.

Typisch für diese Generation ist, dass sie in einer Zeit des nie zuvor gekannten wirtschaftlichen und technologischen Fortschritts und eines damit einhergehenden allgemeinen Wohlstands aufwuchs. Gesellschaftspolitisch herrschte in den Nachkriegsjahren bis zu den 68er-Krawallen allerdings ein Wertkonservativismus und eine verbreitete emotionale Rigidität vor, also alles andere als ein förderliches Klima für schwule Männer oder für Kinder und Jugendliche, die sich schwul entwickeln. In der Folge der 68er-Bewegung entstand zwar die Schwulen- und Lesbenbewegung, doch bis deren Arbeit Früchte trug, die einer breiteren Schicht von gleichgeschlechtlich Empfindenden zur Verfügung standen, sollten nochmals viele Jahre vergehen.

Man kann mit Fug und Recht behaupten, dass gesamtgesellschaftlich betrachtet das Angepasste, das »ganz Normale«, damals als höchst erstrebenswert galt. So wuchsen die meisten sich schwul entwickelnden Kinder in den 1950er bis Anfang der 1980er Jahre also in »ganz normalen« Familien und in »ganz normalen« Dörfern und Städten auf und besuchten »ganz normale« Schulen mit »ganz normalen« Lehrern. Eine solche »ganz normale« Umgebung impliziert auch eine »ganz normale« Form von Erziehung. Diese umfasst selbstverständlich und völlig unhinterfragt auch die Grundsätze einer »ganz normalen« Sexualerziehung. In der Regel gehörte dazu generell eine eher rigide und moralisierende Form im Umgang mit Körperlichkeit, weit weg von genussvollem sexuellen Erleben.

---

3 Die Verhältnisse von Schwulen, einerseits damals in der DDR und andererseits in ausgeprägt ländlich-konservativ geprägten Regionen, mögen von dieser »typischen« schwulen Entwicklungsbiographie, im Sinne von noch erschwerteren gesellschaftlichen Bedingungen, ebenfalls stärker abweichen.

Und dann gehörte zur »ganz normalen« Sexualerziehung in fast allen Fällen die heterosexuelle Variante als die alleinig überhaupt in Betracht gezogene.

Damit haben wir bereits zwei wesentliche Faktoren, die es damals schwulen Kindern und Jugendlichen sehr schwer machten, sich so zu entwickeln, wie es ihrem Wesen entsprach und entspricht. Der eine Faktor ist die generelle Sexualfeindlichkeit. Den zweiten Faktor stellt der Heterosexismus dar.

Wird schwulen Kindern in ihrer Herkunftsfamilie die heterosexuelle Form der Liebe und der Sexualität auf natürliche Weise, also voller Freude und Lebendigkeit vorgelebt, erleben sie zwar auch noch einiges an Verwirrung. Dennoch können sie, auf der Basis der erfahrenen Offenheit der Eltern, ihre etwas andere Form der Sexualität weitgehend angstfrei und natürlich entdecken. Allerdings stellte eine solche Offenheit damals eher die Ausnahme als die Regel dar. Und so stand in einer »ganz normalen« Familie ein sich schwul entwickelnder Junge sehr allein da. Er hatte die Normen der heterosexistischen und dazu sexualfeindlichen oder lasziven[4] Umwelt zu diesem Zeitpunkt längst verinnerlicht, also in seinen seelischen Innenraum aufgenommen, während er die ureigenen Persönlichkeitsanteile seiner schwulen Entwicklung verdrängen musste.

Alice Miller beschrieb die seelische Dynamik des Verdrängens des Eigenen zugunsten des Fremden als das »Drama des begabten Kindes«. Das Kind – emotional begabt, wie es die meisten Kinder sind – verdrängt dabei erfolgreich seine eigenen Gefühle und übernimmt die Normen seiner Bezugspersonen (Miller, 1979).

Dieses Drama geschieht auf dem Hintergrund, dass jedes Kind existentiell davon abhängig ist, von seinen primären Bezugspersonen – meist sind es die Eltern – geliebt zu werden.

---

4 Ebenso lähmend für die Entwicklung ist auch der umgekehrte Fall zur Sexualfeindlichkeit, also eine unnatürlich sexualisierte Atmosphäre in der Familie. Tiefgründig handelt es sich allerdings um dasselbe Problem: Auch in einem solchen *lasziven* Familienklima kann ein Kind seine Sexualität nicht seinem Wesen gerecht entdecken und entwickeln.

Findet dies nicht oder, was viel häufiger der Fall ist, nur unter gewissen Bedingungen statt, wandelt das Kind die anfänglich noch vorhandene Durchsetzungsenergie für das eigene Erleben in Reaktionen der Hilflosigkeit, der Resignation und der Angst um. Weil es aber auf Gedeih und Verderb von der Zuwendung seiner Eltern abhängig ist, wird es alles dafür tun, mindestens noch den Teil an »Liebe« für sich zu ergattern, den es unter den von den Eltern explizit geäußerten oder atmosphärisch verspürten Bedingungen vernimmt.

Zu diesem Drama gehört ferner, dass es kein Kind aushält, seine Eltern als seelisch unfähige Bezugspersonen zu erleben, die es nicht schaffen, auf sein Wesen einzugehen. Also muss es auch diese Wahrnehmung verdrängen, die es anfänglich natürlicherweise noch verspürt (Miller, 1980; Gruen, 1986). Dies wiederum schafft es aber nur dadurch, dass es die Schuld für die emotionale Inkompetenz der Eltern, mit Sexualität, Liebe und überhaupt mit Gefühlen angemessen umzugehen, gegen seine eigene Person richtet und sich nun für *seine* vermeintliche Unfähigkeit schämt und sich für *sein* Empfinden und für *seine* Gefühle schuldig fühlt (Miller, 1983; Gruen, 1997).

Auf diese Weise verinnerlichen gerade auch sehr viele sich schwul entwickelnde Kinder schon früh Scham- und Schuldgefühle, ein schlechtes Gewissen sowie Angst-, Hilflosigkeits- und Resignationsgefühle. Daher gehört es bei ihnen meist selbstverständlich dazu, sich für ihre Gefühle im Allgemeinen und ihre Sexualität im Besonderen zu schämen und sich für ihr Erleben auch noch schuldig zu fühlen. Also ist es für ein solches Kind besser, sein unerwünschtes Erleben überhaupt zu verdrängen. Die Anpassung, die es dabei leistet, sichert ihm nichts weniger als sein seelisches Überleben und wird sogleich zu verdrängen versucht.

Später, in der Pubertät, passiert aber das Unvermeidliche[5]: Die Sexualität sucht in ihrer nun nicht mehr kindlichen,

---

5 Es sei denn, die sexuelle Empfindung wird völlig verdrängt. Ich werde darauf später zurückkommen.

sondern erwachend pubertären Form ihren Ausdruck. Doch wenn sie sich nicht auf das Gegengeschlecht bezieht, wird es erst einmal eng und gefährlich. All die in der Kindheit mehr oder weniger erfolgreich verdrängten Gefühle, in seinem Wesen nicht erkannt, gespiegelt und akzeptiert worden zu sein, drängen mit der damit verbundenen Einsamkeit und Heimatlosigkeit wieder hervor. So kommt das damals im »Drama des begabten Kindes« verdrängte und äußerst schmerzhafte Erleben nun mit großer und aufs Neue traumatisierender Gewalt an die Bewusstseinsschwelle. Gut zu verstehen, dass die meisten schwulen Jugendlichen ihre sexuellen Empfindungen erst einmal verleugnen und verdrängen.

Doch damit ist die Falle der verinnerlichten Homophobie vollends zugeschnappt. Machen wir uns nochmals bewusst, wie es dazu kommen konnte: Der Verinnerlichung von antihomosexuellen Gefühlen, Bildern und Einstellungen ging eine familiäre und soziale Gewalt durch Heterosexismus und Homophobie voraus. So wird sich schwul entwickelnden Kindern von frühester Kindheit an eine Welt vorgeführt, die scheinbar ausschließlich von heterosexuellen Werten geprägt ist und in der sie sich demzufolge nicht beheimatet fühlen können. Sei es in ihrer Herkunftsfamilie, in der Schule, im beruflichen Alltag und bis weit in die 1980er und 1990er Jahre hinein auch in Filmen, im Theater sowie in den Werbebotschaften der Print- und elektronischen Medien – dauernd wurden und werden Schwule unausweichlich mit Lebensweisen konfrontiert, die ihren Bedürfnissen nicht entsprechen oder gar widersprechen. Und überall resultieren bewusst wahrgenommene, aber auch unterschwellige, unbewusste seelische Belastungsreaktionen.

Unter diesen scheinbar zum »ganz normalen« Alltag gehörenden repressiven Umständen leuchtet auch die nun einsetzende Selbstverleugnungsdynamik, gekoppelt an eine Identifikation mit dem Aggressor[6], unmittelbar ein. So empfinden

---

6 Identifikation mit dem Aggressor ist eine in der Neurosenlehre der Psychoanalyse beschriebene, meist unbewusste Abwehrform, bei welcher

schwule Jugendliche es häufig als das gute Recht der Eltern, ein »normales«, sprich heterosexuelles Kind zu haben. Sie identifizieren sich damit mit dem Machtanspruch der Eltern, der jedoch diametral gegen ihre Persönlichkeit gerichtet ist. Doch dies erkennen viele Jugendliche noch nicht, ja sie können es sich gar nicht erlauben, es zu erkennen, und so bleibt ihnen nichts anderes übrig, als ihre Sexualität zu verdrängen.

Viele schwule Jugendliche beschließen dann, asexuell zu leben oder sich hinter einer heterosexuellen Fassade zu verstecken. Solche Jungen mögen dann mehr oder weniger moralisierend verlauten lassen, dass »es« für sie eben noch zu früh sei. Oder sie probieren, sich und der Umwelt durch eine Zweckfreundin zu beweisen, dass sie »ganz normal« sind.

Mag gut sein, dass sie ihre Freundin auch wirklich lieben. Doch auf einer tieferen Erlebensebene machen sie sich etwas vor. Ihre Sexualität bleibt auf das eigene Geschlecht gerichtet, auch wenn sie dies mehr oder weniger erfolgreich verdrängen. So lautet ein psychologisches Grundgesetz, dass Bedürfnisse, denen wir uns widersetzen, *bleiben*. Sie sind das Feuer, das unserem wahren Selbst den Ausdruck verleiht. Je stärker wir uns diesem Feuer widersetzen, umso mehr Platz weisen wir ihm zu. Verändern mag sich ein Bedürfnis grundsätzlich dann, wenn wir es als zu uns gehörig akzeptieren, und auch dann nur, wenn es für die weitere Entwicklung dienlich ist.

So ist das Verdrängen der Homosexualität im doppelten Sinne hinderlich, erstens weil das Verdrängte sich nicht in Luft auflöst, sondern im Gegenteil sich umso stärker seinen Platz erkämpft, und zweitens weil offensichtlich das wahre Selbst auch gar keine Veränderung des Bedürfnisses nach

---

sich der seelisch Bedrängte mit der Gewalt seines Gegenübers identifiziert, um an dessen Macht zu partizipieren (Hoffmann und Hochapfel, 1991). Dabei spielt die Identifikation mit dem Aggressor bei unseren kollektiven Verdrängungsmechanismen in einer auf Macht begründeten Gesellschaft eine herausragend wichtige Rolle, die in den meisten Fällen aber gar nicht wahrgenommen wird, weil diese Form der Unterwerfung »ganz normal« ist.

Gleichgeschlechtlichkeit sucht. Doch genau in diesem Zirkel der Verdrängung, der Selbstverleugnung und der illusionären Selbstinszenierung bleiben viele gleichgeschlechtlich empfindende Jugendliche und Erwachsene oft Jahre oder Jahrzehnte, manche ein Leben lang stecken.

Immer wieder wird von schwulen Männern, die erst nach einer oder einigen heterosexuellen Beziehungen ihr Coming-out haben, eingeräumt, dass sie sich zu diesem Zeitpunkt noch gar nicht oder noch nicht so klar zum eigenen Geschlecht hingezogen gefühlt hätten und dass es ja auch sexuell mit Frauen mehr oder weniger geklappt habe. Im Weiteren mögen sie zu Beginn ihres Coming-out verlauten, dass sie dann halt wohl bisexuell oder eben erst gerade jetzt schwul geworden seien. Meine therapeutischen Erfahrungen zeigen hingegen, dass auf einem tieferen, ihnen damals aber noch vorbewussten oder tatsächlich unbewussten Niveau, sie schon immer gleichgeschlechtlich gefühlt haben. Auf der bewusst zugelassenen Ebene waren hingegen ihre homosexuellen Bedürfnisse für sie so bedrohlich, dass sie sie nicht einmal verspüren durften und daher heterosexuell oder asexuell gelebt haben. Allenfalls haben sie ihre schwule Seite in einem Doppelleben zwar ausgelebt oder ihr schwules Empfinden spiegelte sich in Träumen wider, doch beides haben sie gleich wieder zu verdrängen versucht.

Wenige dieser Männer sind hingegen tatsächlich bisexuell, und schon gar nicht sind sie »erst jetzt schwul geworden«. Bisexuell *Empfindende* sollte man nicht mit sich bisexuell *verhaltenden* Männern verwechseln. Das sexuelle Verhalten ist vielmehr durch Heterosexismus und Homophobie sehr stark in die Ecke der sozial erwünschten Heterosexualität gedrängt. Und so empfinden – auf einer Ebene jenseits von Angst und Verdrängung – wohl die wenigsten nach außen hin heterosexuell identifizierten Männer, die ab und zu und darüber hinaus meist heimlich Sex mit Männern haben, bisexuell, sondern schwul. Meist stellen sich diese Männer beim Sex mit einer Frau in ihrer Fantasie vor, Sex mit einem Mann zu haben.

Das Maßgebliche zur Beurteilung der sexuellen Orientierung ist also nicht die manifeste Verhaltensebene, sondern sind die Gefühle, inneren Bilder, Empfindungen und Träume. Die Anzahl Männer, die schwul empfinden, wird auf fünf bis zehn Prozent geschätzt. Davon hat aber nur ungefähr ein Drittel einen offen schwulen Lebensstil, während sich ein Drittel gänzlich hinter einer heterosexuellen Fassade versteckt, auch wenn viele unter ihnen auf der Verhaltensebene Sex mit Männern haben. Das letzte Drittel entfällt auf schwul empfindende Männer, die aber bezüglich ihrer sexuellen Gefühle eine ambivalente Einstellung haben und sich *deshalb* oftmals als bisexuell bezeichnen.

Bisexuell *empfindende* Männer fühlen sich jedoch per definitionem auf der Erlebensebene zu beiden Geschlechtern ungefähr gleichermaßen hingezogen. Für ihre Identitätsfindung bedeutet dies eine zusätzliche Komplikation, können sie sich doch weder der heterosexuellen Majorität noch der sich schwul orientierenden Minorität anschließen, sondern geraten geradezu in ein »Niemandsland« irgendwo dazwischen (Rauchfleisch, 2001). Sie teilen zwar mit beiden Gruppen Gemeinsamkeiten, doch stoßen sie häufig, sowohl bei Schwulen wie bei Heterosexuellen, auf Misstrauen. Vor allem von Menschen, die sich durch Bisexuelle in ihrer heterosexuellen oder homosexuellen Identifikation verunsichert fühlen, werden sie ausgegrenzt, sei es von schwulen Männern als »Klemmschwestern«, einer despektierlichen Bezeichnung für Schwule, die nicht zu ihrem Schwulsein stehen, sei es von Heterosexuellen als Männer, die »unter dem Zaun hindurch fressen« (Rauchfleisch et al., 2002).

Doch zurück zum »Drama des begabten Kindes«. Wie wir uns bewusst gemacht haben, nährt die Falle aus Angst, Schuld, Scham, Einsamkeit, Hilflosigkeit und Resignation die Identifikation mit der heterosexistischen und homophoben Umwelt, wobei diese Identifikation längst zu einem eigentlichen Teufelskreis geworden ist. Dieser besteht aus einem immer stärker werdenden seelischen Ungleichgewicht, das sich in Form von Unzufriedenheit, Antriebslosigkeit und Leblosigkeit zeigt oder sich auch schon in Form von seelischen Krankheiten wie Depressivität, Angst- und Panikstörungen, Phobien, Zwängen, psychosomatischen Beschwerden oder Suizidalität äußern kann.

Langfristig führt kein konstruktiver Weg an einem Coming-out vorbei. Die stärkste mit einem Coming-out verbundene Angst ist es, von der Familie oder aus dem Freundeskreis ausgeschlossen zu werden. Tatsächlich kommt es auch heute noch vor, wenngleich dies nicht die Regel ist, dass Eltern ihren schwulen Sohn – nach einem freiwilligen Coming-out oder einem unfreiwilligen Outing – aus der Familie ausstoßen. Doch auch damit vollzieht sich konkret sichtbar bloß das, was auf der inneren, seelischen Ebene schon viele Jahre zuvor geschehen ist. Im Bewusstmachen genau dieses Sachverhalts öffnet sich eine riesige Chance, nämlich dem Aggressor gegenüber endlich angemessen zu reagieren und sich nicht mehr voller Angst, Schuld und Scham gehorsam zu ducken. Allerdings braucht es für diesen Bewusstwerdungsprozess und die befreienden Schritte zur Emanzipation meist erst einmal eine gehörige Krise.

Oftmals ist der Bruch mit dem Elternhaus jedoch weniger dramatisch und das Verhältnis zumindest vordergründig von Toleranz gekennzeichnet. Eine solche Haltung ist zwar auf der sichtbaren Ebene für die Eltern-Kind-Beziehung bis zu einem gewissen Grad tatsächlich weniger destruktiv. Anderseits ist sie in der Tiefe viel schwieriger zu erkennen und als das aufzudecken, was sie ist, gerade weil die Aggression subtiler und unter einem Deckmantel von scheinbarer Offenheit daherkommt. Doch letztlich entlarvt eine solche Haltung, was auf der unsichtbaren und häufig unbewussten Ebene in der Eltern-Kind-Beziehung sowieso schon seit jeher der Fall ist, nämlich eine an Bedingungen geknüpfte »Liebe«. Dies allerdings ist ein Widerspruch in sich, denn Liebe lässt sich nicht an Bedingungen knüpfen.

Machen wir uns das Wesentliche beim kindlichen und jugendlichen Drama von schwulen Männern nochmals bewusst. Es verläuft in drei Phasen und führt zu drei Arten von möglichen – und wahrscheinlichen – Traumatisierungen.

Zur ersten Phase: Jedes Kind und jeder Jugendliche möchte seinen Körper und seine Sexualität auf die ihm von Natur aus gegebene Art und Weise entdecken, erleben und entfalten. Doch die meisten Eltern, die in den 1950er und 1960er, viele aber auch noch, die in den 1970er und frühen 1980er Jahren ihre Kinder erzogen haben, waren selbst bezüglich Körperlichkeit und erst recht bezüglich Sexualität befangen. Dies behinderte den natürlichen Zugang des Kindes zu seinem Körper und zu seiner Sexualität. Da es für das kindliche Bewusstsein unmöglich ist, Unfähigkeiten der Eltern nicht auf sich selbst zu beziehen, vermittelt diese elterliche Befangenheit dem Kind das Gefühl, an seinem Körper und an seiner Sexualität sei etwas nicht in Ordnung. So entstehen Angst, Scham- und Schuldgefühle, die mit einem Verlust an Lebendigkeit und einem Gefühl des Nicht-Genügens einhergehen. Eine solche Traumatisierung ist für ein Kind nicht aufzulösen, da es seine seelischen Verarbeitungsleistungen übersteigt. Sie wird ins Unbewusste verdrängt.

Unser Unbewusstes aber weiß um jede Traumatisierung. Es wird ein Leben lang versuchen, sie aufzulösen. Daher versuchen wir als Erwachsene unbewusst, die ursprünglichen Konstellationen wiederherzustellen. Am besten gelingt uns dies mit einem Partner, der auf der seelischen Ebene[7] ebenso agiert wie damals unsere Mutter oder unser Vater.

So wird der Erwachsene mit seinen Partnern, Liebhabern oder bei Gelegenheitskontakten auf der seelischen Ebene immer wieder die Erfahrung machen, dass sein Körper und seine Sexualität nicht wirklich integriert sind, selbst wenn sie auf einer äußerlichen Ebene nun »gebraucht« werden. Auch der vordergründig beste Sex kann nicht darüber hinwegtäuschen,

---

7 Auf der eher oberflächlichen Verhaltensebene mögen die Parallelen nicht so einfach erkennbar sein.

dass letztlich genau der innere Anteil, den das Kind abspalten und verdrängen musste, auch jetzt auf der Strecke bleibt. Je nach Art der ursprünglichen Traumatisierung und der bisherigen Verarbeitung mag dieser Teil gut erkennbar sein, doch kann er sich auch auf einer subtilen Ebene zeigen. Es gilt also, sehr genau hinzuschauen, inwiefern in der Sexualität etwas befriedigt wird und inwiefern etwas zurückbleibt.

Die auf diese Weise nicht integrierte Körperlichkeit und Sexualität nenne ich die »erste Leiche«, die sehr viele schwule Männer mit sich tragen. Natürlich gilt dies auch für heterosexuell empfindende Menschen, doch schwule Männer haben es oft noch mit einer zweiten und fast immer mit einer dritten »Leiche« zu tun.

Viele sich schwul entwickelnde Jungen sind im körperlichen und emotionalen Ausdruck anders als ihre sich heterosexuell entwickelnden Altersgenossen. Sie haben andere Bedürfnisse. So mögen viele schwule Kinder beispielsweise keine harten Jungenspiele, etwa Fußball oder Raufereien, sondern entfalten ein eher sanftes Verhalten. Außerdem fühlen sie sich, wenngleich auf einer noch kindlichen Ebene, erotisch von Jungs angezogen.

So stellt sich die Frage, ob und in welcher Weise Eltern auf dieses sanfte Verhalten reagieren. Können sie akzeptieren, dass ihr Sohn »kein richtiger« Junge ist? Vor allem Väter sind von sanften Söhnen oft enttäuscht. Vielfach versuchen sie dann, aus ihrem Sohn doch noch einen »ganzen Kerl« zu machen. Wenn dies nichts fruchtet, wenden sie sich entweder beleidigt von ihm ab, oder sie reagieren teilweise körperlich, häufig jedoch vor allem verbal heftig aggressiv. Beides hinterlässt tiefe Furchen auf der kindlichen Seele. Es kommt zur zweiten schwulenspezifischen kindlichen Traumatisierung und somit zur »zweiten Leiche im Keller«, sprich im Unbewussten von vielen schwulen Männern.

Einigen schwulen Männern blieb diese zweite Traumatisierung seitens der Eltern mehr oder weniger erspart. Wenn die Eltern gut auf einen sanften Jungen reagieren oder es ihnen gar gelegen kommt, keinen Raufbold großziehen zu müssen, kommt ein schwuler Junge gut an. Vielleicht haben sich die Eltern ein Mädchen gewünscht oder sie haben vom anstrengenden Jungenverhalten der älteren Geschwister schon mehr als genug. Besonders für Mütter und aggressionsgehemmte Väter kann die Pflegeleichtigkeit eines schwulen Jungen also auch eine Erleichterung sein. Vielleicht ahnen oder befürchten sie zwar, dass er schwul ist. Meist nehmen sie ihn aber naiverweise einfach als sanft wahr.

Allerdings stellt sich auch bei diesen schwulen Jungen, wie bei denjenigen, die von den Eltern in ihrem sanften Verhalten abgelehnt werden, die Frage, wie gleichaltrige Kinder und Jugendliche auf sie reagieren. Häufig sind sie, vor allem seitens der »richtigen Jungs«, Hänseleien ausgesetzt. Mitunter werden sie lauthals verlacht, verhöhnt oder verprügelt. Am gelindesten verläuft diese zweite Traumatisierung bei schwulen Jungen, denen man es nicht an ihrem äußeren Verhalten, Aussehen oder ihrer Art, sich zu bewegen, gleich anmerkt oder zumindest vermutet, dass sie schwul sind. Umgekehrt haben es Jungen und Jugendliche, die von außen als weich, weiblich oder tuntig wahrgenommen werden, besonders schwer und werden schon früh verhöhnt.

Schwule Männer, die diese zweite Traumatisierung seitens der Eltern oder seitens der Peers in einem hohen Maße erlitten haben, fühlen sich in ihrer Männlichkeit stark verunsichert. Sie ergreifen dann entweder die Flucht nach vorn und kokettieren mit ihrem »femininen« Verhalten oder sie versuchen verzweifelt, ihre »weibliche Seite« zu unterdrücken und sich und anderen ihre Männlichkeit zu beweisen. Doch selbst wenn ihnen dieses Husarenstück gelingt, werden sie sich innerlich nie männlich genug fühlen, denn Traumatisierungen können nie durch aufgesetztes äußeres Verhalten aufgelöst werden. Die Heilung einer Traumatisierung oder eines tiefen seelischen Schmerzes geschieht, jedenfalls aus humanistisch-tiefenpsychologischer Sicht, immer von innen.

Spätestens mit der Pubertät erfolgt dann die dritte Phase

der Traumatisierung. Je nach Ausprägung der ersten und zweiten Traumatisierung wird diese entweder bewusst oder schon weitgehend verdrängt und damit unbewusst verlaufen.

Ganz im Verdrängten und im Unbewussten verlief sie bei schwulen Männern, die sich als Erwachsene gar nicht an schwules Erleben in ihrer Kindheit und Jugend erinnern können und erst mit zwanzig oder dreißig, vielleicht aber auch erst mit vierzig oder fünfzig »entdecken«, dass sie schwul sind. In gänzlicher Verdrängung und Anpassung an die heterosexistische Umwelt gehen solche Männer »ganz normal« heterosexuelle Beziehungen ein oder leben asexuell. Viele unter ihnen empfinden auch gar nicht bewusst, dass etwas nicht stimmt, da sie ihr Schwulsein an der Schwelle zur Pubertät schon völlig verdrängt haben.

Allerdings ist es keineswegs so, dass diese Männer erst mit dreißig oder vierzig schwul geworden wären. Vielmehr lockerte bei ihnen erst in diesem Alter der Nebel der gröbsten Verdrängung auf. Dies lässt auf eine sehr tiefe Traumatisierung und Verdrängung in der ersten und zweiten Phase schließen. So verdrängten sie ihre wahren Gefühle und Bedürfnisse schon als Kinder sehr gründlich. Auf einer oberflächlichen Betrachtungsebene fahren sie damit in der Pubertät zwar besser, denn sie stoßen mit ihrer verdrängten schwulen Sexualität nun nicht auf Widerstand. Alle scheinen zufrieden, wenn der Junge mit einer Freundin nach Hause kommt oder »sich erst mal ganz der Schule und dem Beruf zuwendet«. Nur sein inneres Kind erleidet Qualen, und es wird solange an die Tür des Bewusstseins klopfen, bis es endlich gehört wird.

Mit zwölf, dreizehn oder vierzehn hat ein schwuler Junge schon sämtliche abwertenden Reaktionen der heterosexistischen und homophoben Umwelt verinnerlicht. Verläuft der Prozess des Erwachens der schwulen Sexualität nicht bereits ganz im Unbewussten ab, kommt mit der Pubertät eine große seelische Herausforderung auf ihn zu. Wie wird er darauf reagieren, wenn er merkt, dass seine erotischen Fantasien sich unzweifelhaft auf Jungs richten? Wird er zu seinen Gefühlen stehen? Wenngleich in der Gesellschaft Homosexualität heute nicht mehr grundlegend abgelehnt wird und sich vor allem in den letzten zwanzig Jahren vieles zum Besseren gewandelt hat, bleibt »schwule Sau« auch heute noch das deftigste Schimpfwort auf den Pausenplätzen unserer Schulen. Welcher Junge möchte sich schon damit identifizieren?

Doch ist die »schwule Sau« ja nur die Spitze eines Eisbergs aus tief verankerter Homophobie. Zum Glück ist dieser Eisberg heute nicht mehr gar so zerstörerisch wie früher. So haben einige schwule Jugendliche ihr Coming-out tatsächlich früher und leben ihr Schwulsein selbstbewusster aus als dies in zurückliegenden Dekaden möglich war. Dennoch bedeutet ein Coming-out auch heute noch eine große seelische Leistung und bedeutete es vor zehn, zwanzig, dreißig oder vierzig Jahren erst recht.

Es braucht sehr viel Selbstvertrauen und ein sehr gutes Selbstwertgefühl, will sich ein schwuler Jugendlicher, der verspürt, dass er schwul ist, bereits in seiner Pubertät outen. Viel wahrscheinlicher ist, dass er seine Gefühle und Empfindungen erst einmal zu verdrängen versucht. Auf jeden Fall hinterlassen Traumatisierungen dieser dritten Phase – ob bewusst erlebt oder verdrängt – tiefe selbstverleugnerische und selbstzerstörerische Spuren.

Peter, Ben, Richard und Stefan

Ich möchte nun vier Fallbeispiele von schwulen Klienten aus meiner therapeutischen Praxis vorstellen. Es sind die Lebensgeschichten von Peter, Ben, Richard und Stefan (alle Namen sind fiktiv gewählt).

Peter
Als Erstes begegnen wir Peter. Er war Mitte dreißig, als er zur Therapie kam, konnte seinen Job von einem Tag auf den ande-

ren nicht mehr ausführen und wurde mir von seinem Hausarzt mit der Diagnose Burn-out zugewiesen.

Bei Peter ging gar nichts mehr. Er konnte sich zu nichts motivieren und fühlte sich völlig antriebslos. Er probierte zwar, sich zusammenzureißen, und konnte nicht verstehen, wieso diese Strategie, die ihn doch bisher erfolgreich durchs Leben gebracht hatte, jetzt nicht mehr funktionierte.

Schockiert über die Stärke dieser Blockade, erzählte er mir, dass er seinen Job eigentlich überhaupt nicht möge und die damit verbundenen Umstände geradezu hasse. So war er unter der Woche in einer von ihm ungeliebten Umgebung, hunderte Kilometer von zu Hause weg und musste sich über Dinge den Kopf zerbrechen, die ihn eigentlich gar nicht interessierten. Jeden Sonntagabend, bevor er wieder zur Arbeit abreisen musste, stellte sich eine Krise ein. Doch hatte er sich all die Jahre über diese Krisen- und Unlustgefühle hinweggesetzt und nichts an seiner beruflichen Tätigkeit verändert. Schließlich war der Job ja gut bezahlt. Auch konnte und wollte er »nicht einfach« aussteigen. Alkohol half ihm, seine chronische Unlust unterschwellig zu halten.

Praktisch über Nacht platze allerdings diese Selbstüberlistungsstrategie. Er konnte sich noch so bemühen, sein Körper und seine Seele streikten. Er konnte seine Arbeit keinen Tag länger ausführen und erlitt ein klassisches Burn-out. Dazu kam ein weiteres Problem hoch, das Peter schon lange Zeit von sich wegschob. Er war seit acht Jahren mit Sergio zusammen, doch die Beziehung dümpelte seit Jahren vor sich hin. Vor vier Jahren wollte er sich bereits von seinem Partner trennen. Doch dann stellte man bei Sergio eine HIV-Infektion fest. So hatte Peter es nicht übers Herz gebracht, damals die Trennung durchzuziehen, zumal Sergio durch die Diagnose selbst in eine Krise geriet und darüber hinaus finanziell von ihm abhängig war. Vielmehr schickte sich Peter für unbestimmte Zeit in sein Schicksal.

Mit Peters Burn-out geriet aber auch die Beziehung zu Sergio wieder unter Druck. Wenn es in den letzten Jahren noch die Erinnerung an glücklichere Zeiten und vor allem das Mitleid gegenüber Sergio waren, die Peter in der Beziehung hielten, so war er nunmehr nur noch von ihm genervt und ertrug seine Anwesenheit kaum mehr. Peters inneres Kind weigerte sich sowohl beim Job als auch in der Beziehung, so zu tun, als ob alles in Ordnung wäre. Von Durchhalten, Pflichtbewusstsein und Mitleid hatte es die Nase gestrichen voll. Es entzog Peter ganz einfach die Energie, weiterhin alles zu schlucken und zu verdrängen.

Peter fühlte sich hilflos und ausgeliefert. Genau diese beklemmende Gefühlsqualität kannte er aus seiner Kindheit. Sein Vater war ein unzuverlässiger, streitsüchtiger, egozentrischer Mann, der Peter immer wieder als Taugenichts beschimpfte, ihn und seine Mutter für seine Misere verantwortlich machte, unter Alkoholeinfluss Gewalt androhte und zuweilen auch tatsächlich zuschlug. Peters Mutter war in solchen Situationen völlig hilflos und heulte ihren Kummer bei Peter aus.

Wie soll ein Kind ein solches Drama verarbeiten? Nur in der Symbiose mit seiner Mutter konnte er so etwas Schreckliches seelisch überhaupt überleben. So machte er die Mutter zur Guten und den Vater zum Bösen. Und so verbündeten sich Peter und seine Mutter miteinander. Beide waren ja bemitleidenswerte Opfer, welche die unberechenbaren verbalen und körperlichen Gewaltausbrüche ihres Ehemanns beziehungsweise Vaters schicksalsergeben hinnehmen mussten.

Wie Schuppen fiel es Peter von den Augen, als er in der Therapie in diesen Spiegel blickte. Endlich, nach dreißig, fünfunddreißig Jahren, erkannte er, was damals wirklich geschah. Er erkannte die Not seines inneren Kindes. Er realisierte, dass nicht nur der Vater der Böse war, sondern auch die Mutter ihn emotional massiv missbrauchte. Er wusste zwar noch nicht, wie weiter, doch spürte er, dass dies der Wendepunkt war.

Da war zum einen das volle Bewusstmachen der Tragweite der Aggressionen seines Vaters. Wenngleich er ihn ja im Verbund mit seiner Mutter immer als böse erlebt hatte, wurde Peter sich der Dimension dieser väterlichen Verletzungen jetzt ganz gewahr. Sein Vater verhielt sich ihm gegenüber verbal demütigend und zuweilen auch brachial aggressiv. Diesen Aggressionen war er schutzlos ausgeliefert, zumal sie oft unberechenbar über ihn herfielen. So fürchtete er sich eine Kindheit lang vor den Gewaltausbrüchen seines Vaters. Peter konnte in keinerlei Weise Vertrauen zu ihm aufbauen, weder körperlich noch emotional. Jetzt spürte er die abgrundtiefe Not des ausgelieferten Kindes in sich.

Doch war es vor allem die Rolle der Mutter, die er nun erstmalig durchschaute. In seiner kindlichen Not und angesichts des gewalttätigen Vaters war es absolut richtig und überlebenswichtig, sich an seine Mutter zu halten. Sie war ja wenigstens nicht brutal zu ihm, jedenfalls nicht auf brachiale Art und Weise. Doch jetzt erkannte Peter, dass seine Mutter ihn völlig im Stich gelassen hatte. Sie war selbst total überfordert und konnte ihrem Mann nicht die Stirn bieten. Sie schützte Peter nicht, sondern suchte im Gegenteil gar bei ihrem Sohn emotionalen Schutz und weinte sich bei ihm aus. Es war der kleine Junge, der seine Mutter trösten musste! Als Dank bekam er von ihr Streicheleinheiten und zu hören, welch lieber Junge er sei. Die Mutter übernahm keinerlei erwachsene Verantwortung. Sie war selbst ein erwachsenes Kind und missbrauchte Peter emotional in schwerwiegender Art und Weise.

Dem erwachsenen Peter wurde in der Therapie immer klarer, welche seelischen Qualen er als Kind erlitten hatte. Darüber hinaus war es ja nicht etwa so, dass dieses Drama nur einmalig geschehen wäre, sondern es war über Jahre der »ganz normale« Alltag in seiner Familie – eine Familie, die nach außen ein »ganz normales« Bild abgab.

Muss es einem da wundern, wenn Peter in der Schule auffällig wurde? Er entwickelte – wie man es damals in der Schweiz nannte – ein POS, ein psychoorganisches Syndrom (heute: ADHS, Aufmerksamkeits-Defizit-Hyperaktivitäts-Syndrom). Er war also ein »Zappelphilipp« und hatte große schulische Schwierigkeiten. Entsprechend schlecht waren seine Leistungen. Dabei ist Peter sehr intelligent und war es zweifelsohne auch schon als Kind gewesen. Er war aber der lebendige Beweis für die Weisheit, dass Angst »dumm« macht.[8]

Nach einigen Jahren trennten sich seine Eltern, was Peter als überaus entlastend erlebte. Er hatte fortan kaum mehr Kontakt zu seinem Vater. Sein ADHS löste sich »von allein« auf. Das Spiel des unbewussten emotionalen Missbrauchs seitens der Mutter aber lief weiter.

Peters Kindheitsgeschichte ist geprägt von der offensichtlich destruktiven Aggressivität seines Vaters sowie der Inkompetenz und dem emotionalen Missbrauch seiner Mutter. Auf einer noch tiefer greifenden Ebene zeigt sich beides auch bezüglich Peters Schwulsein. Schauen wir uns die drei Phasen der Traumatisierung, wie wir sie im vorhergehenden Kapitel kennen gelernt haben, im Fall von Peter genauer an.

Zur ersten Phase: Liebevollen Körperkontakt kannte Peter nicht. Von Seiten des Vaters bedeutete Körperlichkeit die Androhung von Schlägen oder tatsächlich geschlagen zu werden. Von der Mutter bekam er einerseits funktionale Zuwendung, wenn sie das Kind stillen, wickeln oder irgendwo hintragen musste, und andererseits, wenn sie nach außen die gute Mutter spielen wollte. Außerdem erhielt er ihre »Liebe«, wenn er sie wegen ihres bösen Ehemanns – seines Vaters! – tröstete. Von Zärtlichkeit oder einer liebevollen Sexualität zwischen den Eltern, die Peter hätte miterleben können, kann nicht die Rede sein. Sex fand allenfalls abgespalten von Gefühlen statt. Zärtliche körperliche Zuwendung und eine gefühlsbeteiligte Sexualität waren aber kein Thema.

Körperlichkeit galt es also entweder abzuwenden oder sich

---

8 Bei Kindern, die in seelischer Not aufwachsen, ist immer wieder zu beobachten, dass sie entweder schulische Glanzleistungen erzielen oder »dumm« und verhaltensauffällig werden. Im ersten Fall erhalten sie Lob, machen Karriere und bilden später einen Großteil der Elite unserer Gesellschaft. Im zweiten Fall werden sie psychiatrisiert und häufig mit Ritalin, einem potenten Medikament gegen ADHS, behandelt. In beiden Fällen jedoch bleibt das Seelische, um das es eigentlich geht, auf der Strecke.

zu verdienen. Sexualität war etwas gefühlsmäßig abgespaltenes, an der Lust nur unter Dominanz oder unter Beschämung und Schuldgefühlen empfunden werden durfte. Von Homosexualität war, abgesehen von deftigen antischwulen Sprüchen seitens des Vaters, nicht im Entferntesten die Rede.

Zur zweiten Phase: Peters Verhalten war entweder sanftmütig, was die Mutter schätzte und den Vater zur Rage trieb, oder es war aggressiv (Peters ADHS), was dem Vater heimlich gefiel und wohl Peters unbewusste Motivation ausmachte, auf diese Weise Vaters Aufmerksamkeit zu gewinnen. Der Preis von Peters zweiten Traumatisierung war sozusagen sein ADHS.

Zur dritten Phase: Mit der Pubertät wurde sich Peter seiner Homosexualität gewahr, doch konnte er sich nicht erlauben, seine Gefühle auszuleben. Er spaltete diese, so gut es ging, ab und führte bis zum Coming-out mit Anfang dreißig ein Doppelleben, indem er gegen außen vorgab, heterosexuell zu sein, wohl aber seine schwulen Gefühle heimlich auslebte.

Glücklicherweise konnte Peter, wie viele Menschen, die als Kind in vergleichbarer Weise misshandelt wurden, einen Teil seiner Traumatisierungen im Verlauf seines Lebens selbständig aufarbeiten. Seine Offenheit, Kreativität und Intelligenz verhalfen ihm zu einem Coming-out und einer beachtlichen beruflichen Karriere. Doch den tiefen Schmerz des inneren Kindes konnte er, trotz dieser Fähigkeiten, nicht heilen.

So ging es in der Therapie darum, Stück für Stück mit Peters innerem Kind zu arbeiten. Es überhaupt zu erkennen, war der erste Schritt. Sich ihm immer wieder empathisch zu nähern, es von neuem anzunehmen und es zu lieben, daran arbeiten wir noch heute. Doch steht Peter substantiell an einem anderen Punkt seines Lebens als vor der Krise.

Im Außen hat sich einiges verändert. Peter konnte sich nach längerem Hin und Her von Sergio trennen, was im Inneren einen starken Prozess auslöste, sich vertieft mit seinem Mitleid für Sergio auseinanderzusetzen. Dies bedeutete natürlich gleichzeitig, sein kindliches Mitleid für seine Mutter zu bearbeiten. Erst konstruktive Wut und Trauer, auf die wir später noch eingehen werden, verhalfen ihm zu diesem Schritt. Peter lebt heute mit seinem neuen Freund eine Beziehung zweier erwachsener Menschen auf Augenhöhe.

Außerdem konnte Peter beruflich wieder Fuß fassen, allerdings unter ganz neuen Vorzeichen und auf einer grundlegend anderen Basis. Es stellt sich für ihn nicht mehr die Frage, womit er schnellstmöglich viel Geld verdienen kann und dabei auf seelische Freuden verzichten müsste, sondern was er wirklich tun möchte. Auch hier galt es, sich gegen innere Widerstände durchzusetzen und Abschied von alten Mustern zu nehmen, die ihm früher das illusionäre Gefühl von Sicherheit vermittelten.

Ben

Ebenfalls mit Problemen über beide Ohren kam Ben, Ende dreißig, in Therapie. Auslöser war ein Konflikt mit seiner Partnerin Sara. Ben hatte über ein Jahr heimlich ein Verhältnis mit einem Mann, Roger, und entdeckte bei ihm erstmals bewusst seine gleichgeschlechtliche Anziehung. Sara bekam Wind von diesem Verhältnis und schlug Alarm. Sie stellte Ben zur Rede und wollte wissen, ob dies stimme und ob er denn eigentlich schwul sei. Von dieser Frage fühlte Ben sich so stark bedrängt, dass er keinen Ton dazu herausbrachte.

Ben fühlte sich Sara gegenüber als Versager und Verräter. Vor allem waren da aber ihre beiden Kinder, Gabriel (12) und Anna (10). Wie sollte er ihnen bloß erklären, dass er sich in einen Mann verliebt hatte? Er schämte sich zutiefst, hatte Angst und starke Schuldgefühle.

Gleichzeitig mit dem Partnerschaftskonflikt kam seine chronische, aber unterdrückte Unzufriedenheit am Arbeitsplatz hoch. Er fühlte sich von seinem Vorgesetzten permanent unter Druck gesetzt, obwohl er doch stets sein Bestes gab und zuverlässig seinen Job machte. Jahrelang konnte er diesen Druck wegstecken, doch jetzt gelang ihm dies nicht mehr. Auch im Büro fühlte er sich als Versager.

Ben war mit all dem völlig überfordert. Er litt seit Jahren unter einer chronischen Depression, die aber nicht professionell behandelt, sondern von ihm »ausgehockt« wurde. Die aktuelle Krise brachte das Fass nun zum Überlaufen. Jetzt fühlte er sich vollends blockiert, leer, antriebslos, ängstlich und voller Schuld und Scham. Zeitweise konnte er seiner Arbeit nicht mehr nachgehen und musste krankgeschrieben werden. Hätte er nicht zwei Kinder gehabt, die er nicht im Stich lassen wollte, hätte er sich womöglich umgebracht.

In der Therapie erinnerte er sich an früher und was er damals in seiner Kindheit erlebte. Immer wieder habe er sich überfordert und als Versager gefühlt. Auch damals habe er sich jeweils abgrundtief geschämt und sich für alle Widrigkeiten schuldig gefühlt. Der erste Kontakt mit Bens innerem Kind war hergestellt.

Seine Mutter war eine überkorrekte Frau, die nichts falsch und vor allem den Menschen in ihrem Umfeld stets alles recht machen wollte. Doch in der eigenen Familie nahm sie ihre Verantwortung überhaupt nicht wahr. Nie nahm sie sich Ben an, als er etwa Angst vor bösen Träumen, vor einer Matheprüfung, vor dem Sportunterricht, vor seiner jähzornigen Lehrerin oder vor den Nachbarskindern bekundete. Stets ließ sie ihn verstehen, dass er sich nicht so anstellen soll, die anderen schon Recht hätten, dass er eine »Mimose« sei und er da allein durch müsse. Sie habe selbst schon genügend Probleme und lud weinerlich und vorwurfsvoll ihre eigenen Sorgen bei Ben ab. Ihm blieb nichts anderes übrig, als verständnisvoll zu sein, sie zu trösten und ihr nicht auch noch Probleme zu bereiten.

Bens Vater war autoritär und duldete keinen Widerspruch. Er war leitender Arzt in einem großen Spital, arbeitete von früh bis spät, kam todmüde nach Hause und wollte dann seine Ruhe haben. Selbst wenn er physisch in der Familie anwesend war, war er weder für seine Kinder noch für seine Frau erreichbar. In seiner Freizeit verschanzte er sich hinter dem Fernseher, hinter Zeitungen oder in seinem Hobbyraum. Als Ben seine Mutter einmal fragte, warum Vater nie Zeit für ihn habe, tadelte sie ihn und nahm ihren Mann in Schutz.

Auch zwischen den Eltern herrschte emotionale Kälte. Das

höchste der Gefühle war jeweils ein ausdrucksloser Kuss zum Geburtstag. Nach außen hin stellten sie jedoch eine Bilderbuchfamilie dar, die bewundert und in der ganzen Kleinstadt beneidet wurde. Alles schien perfekt.

Ben hatte als Kind keine Chance, gegen diese seelisch tote Welt anzukämpfen. Mit seinen Gefühlen, seinen Ängsten und inneren Nöten war er völlig allein. Sein Vater war emotional sowieso nicht zu erreichen, während seine Mutter ihm stets zu verstehen gab, dass er falsch liege, sich endlich zusammenreißen soll und bei ihm obendrein vorwurfsvoll ihre eigenen Sorgen ablud.

Natürlich konnte Ben nicht anders, als an sich und seinen Gefühlen zu zweifeln, sich zu schämen, sich schuldig zu fühlen und sich zusammenzureißen. So gewöhnte er sich das Fühlen mehr und mehr ab, denn seine Sensibilität brachte ihn ja nur in Teufels Küche. Irgendwann war es soweit. Auch er agierte nur noch funktionell und ohne jegliche Gefühlsbeteiligung. Als sehr guter Schüler fiel er in der Schule leistungsmäßig nie negativ auf. Seine Lehrer und seine Eltern waren vielmehr Stolz, als er die beste Maturitätsnote[9] der ganzen Schule nach Hause brachte, und verkündigten jedermann, dass ihr Sohn nun in St. Gallen[10] Betriebswirtschaft studieren würde.

Auch im Studium erzielte er beste Zensuren, machte in einer Großbank Karriere und wurde Offizier in der Schweizerischen Milizarmee. Er lernte Sara kennen. Sie heirateten, bauten ein Haus und planten ihre Familie – alles wie im Bilderbuch. Nur, dass Bens Seele seit Jahren auf der Strecke blieb. Allerdings fühlte er dies gar nicht bewusst. Er fühlte nicht, ob ihm sein Job gefiel, ob er Sara liebte oder ob er wirklich Kinder haben wollte. Er wusste einfach, dass all dies von ihm erwartet wurde. Und dass er dafür »geliebt« wird.

Dann trat Roger in sein Leben. Er lernte ihn bei einem Firmenanlass kennen und war sofort in seinen Bann gezogen.

---

9 Die Matura ist das Schweizerische Abitur.
10 Die Universität St. Gallen (HSG) gilt als Elite-Kaderschmiede.

Schon im ersten Kontakt tat Roger nicht, was sonst alle tun, nämlich über Arbeitsprojekte und Geschäftsbilanzen sprechen oder netten Smalltalk betreiben. Vielmehr berührte Roger Bens Herzen allein durch seine Präsenz und Ausstrahlung. So etwas war Ben noch nie passiert. Er war als Menschen und nicht als Geschäftspartner oder Lückenbüßer gemeint!

Dreißig Jahre, nachdem Ben seine Seele zu Grabe getragen hatte, kam ein Mensch in sein Leben, der alles verändern sollte. Er verliebte sich in ihn und spürte erstmals, was Liebe und Sexualität überhaupt sein können. Ihm fiel es wie Schuppen von den Augen, dass er ja schwul ist. Jetzt konnte er auch einordnen, wieso er schon immer heimlich Männern nachschaute. Tief in seinem Inneren schienen seine Gefühle also doch gelebt zu haben. Doch sie waren völlig abgespalten. Ein »Roboter« umhüllte sie und funktionierte perfekt bei allem, was er glaubte, das von ihm erwartet wurde.

Natürlich geriet Ben durch die Begegnung mit Roger in einen riesigen innerlichen Konflikt. Da waren einerseits seine Familie, seine Karriere, sein Hab und Gut und die gesellschaftliche Anerkennung. Andererseits war da ein Mensch, den er liebte, bei dem es nicht darum ging, dass er funktionierte, sondern dass er ganz einfach ist, so wie er ist. Es war eine Frage der Zeit, dass sich dieser innere Konflikt auch im Außen entzündete. Dies geschah dadurch, dass ein Arbeitskollege von Ben Sara von dessen »eigentümlichen« Verhältnis zu Roger erzählte.

Ben stand vor Sara wie damals der kleine Junge vor seiner Mutter, als diese mit ihm schimpfte und ihn belehrte, was gut und böse und was richtig und falsch sei. Gefangen in dieser Erstarrung, brachte er, der beruflich ein gewandter Rhetoriker ist, kein vernünftiges Wort über die Lippen. Er schämte sich zutiefst, hatte starke Schuldgefühle und erlebte sich als absoluter Versager. In solchen Momenten hatte er überhaupt keinen Kontakt zu seinen erwachsenen Kompetenzen. Vielmehr erstarrte er in kindlicher Hilflosigkeit. So konnte er Sara auch nicht erklären, was mit ihm los war.

In der Therapie erkannte Ben, dass in diesen Momenten die Angst des inneren Kindes das Steuer übernommen hatte. Dieses durfte ja nichts erwidern, sondern musste sich der Mutter unterwerfen. Demgegenüber stand der erwachsene Ben, der durch Roger das erste Mal, seit in seiner Kindheit sein Wille gebrochen wurde, wieder mit seinen Gefühlen verbunden war. Wir arbeiteten daran, dass Ben bewusst in die Rolle des gedemütigten Kindes und in die Rolle des zum Leben erweckten Mannes einstieg, die Rollen je wieder verließ, um abermals sowohl mit dem Kind als auch mit dem reifen, erwachsenen Ben Kontakt aufzunehmen. Das bewusste Spüren der beiden diametral entgegengesetzten Befindlichkeiten verhalf Ben dazu, mit Sara und später mit den Kindern über sich, seine Gefühle und sein Leben zu sprechen.

Natürlich war damit das Problem nicht gelöst, doch konnte er es jetzt auf einer erwachsenen Ebene angehen. Diese neu erworbene Kompetenz war grundlegend wichtig, denn Sara, seine Eltern und seine Schwiegereltern machten ihm die Hölle heiß und überschütteten ihn mit Vorwürfen. So paradox es klingen mag, so waren aber genau diese Aggressionen seitens der eigenen Familie die günstigste Voraussetzung dafür, dass Ben beherzt an der Not und der Heilung seines inneren Kindes arbeiten konnte.

Im Außen kam es zur Trennung, später zur Scheidung und zum Bruch mit seinen Eltern. Die Kinder hingegen reagierten auf den neuen Lebensweg ihres Vaters zwar zunächst mit Verunsicherung, doch je länger, desto besser verstanden sie, was geschah. Eine nie zuvor erlebte Tiefe ist heute Nährboden für eine gänzlich erneuerte Beziehung zwischen ihnen und ihrem Vater, was nicht heißt, dass für sie jetzt immer alles gut ist. Sie leben in zwei Welten, was immer wieder sehr schwierig ist, besonders weil ihre Mutter weiterhin unversöhnlich auf ihren Vater reagiert. Doch gerade auch durch das Erleben zweier so verschiedener Lebensmodelle machten und machen die Kinder wesentliche Erfahrungen, die ihnen einen bewussteren Umgang mit dem Leben ermöglichen.

Ben und Roger leben heute zusammen. Auch beruflich hat Ben sich neu positioniert. Wenngleich er noch denselben Job macht, kann er diesen mit neuen Inhalten füllen, stellt die Karriere nicht mehr über alles andere, pflegt herzliche Umgangsformen mit seinen Mitarbeitern und lässt sich von seinem Vorgesetzten nicht mehr unter Druck setzen.

In der Therapie begleitet uns nach wie vor die Arbeit mit Bens innerem Kind. Unglaublich viel Schmerz kam und kommt in der Verarbeitung seiner Biographie hoch. Doch heute reagiert Ben nicht mehr hilflos, sondern mit konstruktiver Wut auf die damaligen wie auf die heutigen Aggressoren. Jahrzehntelang hatte er seine Wut nicht einmal wahrgenommen, sondern stets automatisch gegen sich selbst gerichtet.

Zentral in unserer therapeutischen Arbeit ist auch das Fokussieren auf Bens internalisierte Homophobie. An ihr lässt sich messerscharf erkennen, was in Bens Kindheit und Jugend innerseelisch elementar passierte. So waren Liebe, Körperlichkeit und Sexualität in seiner Herkunftsfamilie gänzlich ausgeklammert, jedenfalls auf das Funktionale reduziert. Homosexualität kannte Ben lediglich aus den medizinischen Fachbüchern seines Vaters, und zwar als Geisteskrankheit. Außerdem war natürlich »schwule Sau« auch in seiner Schule ein Schimpfwort erster Güte.

Als er in die Pubertät kam, hatte er sein Gefühlsleben schon gänzlich ausgeschaltet, was natürlich auch für sein Schwulsein galt. Zwar ertappte er sich dabei, dass er heimlich Jungs nachschaute, konnte dieses Verhalten jedoch nicht einordnen und verdrängte seine erotischen Fantasien gleich wieder. Erst durch die therapeutische Aufarbeitung erinnerte er sich wieder an diese Pubertätserlebnisse und daran, dass er auch später eigentlich immer nur heimlich und verstohlen Männern hinterhersah.

Aber so wie seine Gefühle seit seiner Kindheit für niemanden von Interesse waren, kam es ihm auch nie in den Sinn, mit einem Mann eine Beziehung aufzubauen. Vielmehr war es für Ben klar, dass er eine Frau suchen und mit ihr Kinder haben musste. Ob ihm dies auch entsprach oder ob er beruflich glücklich war, wagte Ben gar nicht zu hinterfragen. Dass es für ihn ein Leben jenseits von Pflichterfüllung geben könnte, daran dachte er keinen Moment.

Durch das Kennenlernen von Roger und die Heilung der Not seines inneren Kindes entdeckte Ben Schichten in seiner Seele, von denen er zuvor keine Ahnung hatte. Er bekam Lust am Malen, am Musizieren und am Sport. Allerdings nicht am Malen, so wie er es im Zeichenunterricht in der Schule kennen gelernt hatte, und auch nicht am Musizieren, so wie er sich über Jahre am Klavier abgemüht hatte. Er fand neue, eigene Formen, sich mit Farben und mit Musik jenseits von »richtig« und »falsch« auszudrücken. Völlig überraschend fand er auch Gefallen am Sport. Sportunterricht war ihm eine Kindheit und Jugend lang ein Graus. Jetzt fand er den Dreh, wie es Spaß machen konnte, seinen Körper zu bewegen und herausfordern.

Der Wandel in der Lebensgeschichte von Ben gleicht einem kleinen Wunder. Verschmitzt vergleicht er es mit dem Wachküssen von Dornröschen aus ihrem hundert Jahre langen Schlaf. Doch natürlich lebt auch Ben nicht im Märchenland und muss sich weiterhin mit den schwierigen Seiten seines Lebens auseinandersetzen, so etwa als schwuler Vater, der eine große Verantwortung trägt, mit der Zerrissenheit seiner beiden Kinder zwischen Mutter und Vater empathisch umzugehen. Doch, so sagt er über sich, habe er eben erst überhaupt zu leben begonnen, was auch für seine Kinder unschätzbar wertvoll sei. Wenn er heute Gewissensbisse ihnen gegenüber hat, dann für die Zeit, als er, von außen betrachtet, zwar gewissenhaft, aber völlig leblos in seiner Vaterrolle funktionierte.

Richard

Der dritte Mann, der Jahre lang von seinem inneren Kind abgeschnitten war, heißt Richard und ist Mitte vierzig. Er wandte sich an mich, weil er von Angstattacken in Schach gehalten und in seiner Partnerschaft zunehmend unzufrieden war. Außerdem war ihm die Freude am Leben grundsätzlich abhanden gekommen. Er sei wohl in einer Midlife-Crisis, diagnostizierte er seinen Zustand in der ersten Therapiestunde selbst.

Richard lebte seit fünfundzwanzig Jahren mit einem zwölf Jahre älteren Mann, Erich, zusammen. Wenn Richard bis dahin ganz zufrieden in dieser Beziehung lebte, nervte es ihn seit etwa einem Jahr, dass Erich ihn ständig kontrollierte und herumkommandierte. Dabei war dies für Erich gar nichts Neues, aber er, Richard, empfand es nun plötzlich als störend.

Seine Unzufriedenheit und sein Genervtsein in der Beziehung gingen mit Angstattacken einher. Zunächst dachte Richard, an einer Herzkrankheit zu leiden, verursachten diese Attacken doch heftiges Herzrasen. Doch spezialärztliche Abklärungen ergaben keinen körperlichen Befund. So gab ihm der Kardiologe lediglich ein Benzodiazepin, ein starkes Beruhigungsmittel, das er im Notfall einnehmen sollte. Das Medikament half ihm zwar, die Heftigkeit der Angstattacken in Grenzen zu halten, doch stellten sie sich dafür immer häufiger ein. Für Richard war dies eine äußerst leidvolle Zeit, wusste er doch nie, wann er das nächste Mal wieder seinen Angstattacken ausgeliefert sein würde. Diese kamen unvermittelt, etwa zu Hause, im Büro, aber auch im öffentlichen Raum, etwa beim Einkaufen.

Überhaupt bereitete ihm das Leben keine Freude mehr. Weder beruflich noch privat konnte er sich für etwas begeistern. Alles schien ihm wie in Watte gepackt, dumpf, grau und leer. Auch wenn er sich selbst nie etwas angetan hätte, es wäre ihm egal, wenn nicht sogar ganz recht gewesen, jetzt zu sterben.

Als Einzelkind in wohlbehüteten Verhältnissen aufgewachsen, mangelte es Richard materiell Zeit Lebens an nichts. Er hatte immer mehr Geld zur Verfügung als Gleichaltrige, gab damit an und kaufte sich so seine Freunde. Seine Mutter gab sich gern als »Dame aus besserem Haus« – sie stammte aus einer reichen Industriellenfamilie – und kommandierte in dünkelhafter und herablassender Weise ihren Mann und Richard herum. In der Schule war Richard unmotiviert, wenngleich er ein sehr guter Schüler war. Er ließ sich zwar nichts anmerken, doch fühlte er sich in seiner Kindheit und Jugend sehr einsam.

Seinen Vater bezeichnete Richard schon zu Beginn der Therapie als »Waschlappen«, der keine eigene Meinung habe und mit dem man alles machen könne. Als Kind hielt Richard sich zwar eher an ihn und hoffte immer wieder auf seine Rückendeckung, wenn die Mutter mal wieder verbal herablassend auf ihn eindreschte, um aber resigniert festzustellen, dass ein Eingreifen seines Vaters abermals ausblieb.

So war es auch bei seinem Coming-out. Richard ist stolz drauf, bereits mit fünfzehn seinen Eltern gesagt zu haben, dass er schwul sei. Seine Mutter reagierte, wie zu erwarten war, verächtlich und schrie ihn hysterisch an. Sein Vater sagte zu seinem Coming-out kein Wort – und hat dies bis heute nicht getan.

Da er es zu Hause nicht mehr aushielt und seine Mutter für »so einen« sowieso nichts übrig hatte, zog er gleich nach der Matura aus und bei Erich, den er seit kurzem kannte, ein. Er fühlte sich befreit. Endlich hatte sein Leben einen Sinn. Er studierte Jura, wurde Rechtsanwalt und machte eine beachtliche Karriere. Noch bis vor einem Jahr war er mit seinem Beruf und der Beziehung ganz zufrieden gewesen, doch seither stellten sich bei ihm eine allgemeine Unzufriedenheit mit dem Leben, ein Genervtsein von Erich, ein Motivationstief in seinem Beruf und, einhergehend mit einem ausgeprägten Leidensdruck, seine Angstattacken ein.

In der Therapie erinnerte er sich daran, dass ihn diese Gefühle im Leben schon mal begleiteten. Als Jugendlicher fühlte er sich genau so leer und lustlos, auch wenn Angstattacken damals noch kein Thema waren. Mit Schrecken erkannte er, dass das Herumkommandieren und Kontrollieren von Erich genau das war, was er von seiner Mutter her kannte. Darin ließ er seinen Partner vierundzwanzig Jahre lang gewähren, genau so, wie sein Vater sich gegenüber seiner Mutter nie zur Wehr setzte.

Als er bald darauf von diesem Urkonflikt auch noch träumte,

konnte er unzweifelhaft ergründen, woher sein Genervtsein, seine Unzufriedenheit und auch die Angstattacken kamen. Im Traum verlachte ihn eine furchterregende Gestalt höhnisch. Niemand kam zu Hilfe. Mit Zittern und Angstschweiß erwachte er aus dem Traum. In der Therapie erkannte er, dass er offensichtlich immer noch darauf wartete, dass ihm sein Vater oder sonst wer zu Hilfe käme. Seine Mutter projizierte er seit einem Vierteljahrhundert und noch bis vor kurzer Zeit unbewusst auf Erich. Doch wer war dieser Vater oder dieser Jemand im Traum, auf den er vergeblich wartete? Er selbst! Er hatte sich selbst zum »Waschlappen« entwickelt, der nicht eingreift und der seiner Mutter, seit vierundzwanzig Jahren durch Erich repräsentiert, nicht die Stirn bietet. Seine Unzufriedenheit und vor allem die Angstattacken waren Alarmsignale, die ihn unsanft aus seiner seelischen Umnachtung aufzurütteln versuchten.

Zunächst ging es nun darum, vertieft mit der Not des kleinen Richard Kontakt aufzunehmen und ihn wissen zu lassen, dass er keine Angst mehr zu haben brauche und dass nunmehr der erwachsene Richard – anstelle der Illusion eines schützenden Vaters – bedingungslos für ihn einstehen und kämpfen werde. Richard stand ja durchaus eine kämpferische, eine rebellische Seite zur Verfügung. Immerhin hatte er mit fünfzehn seinen Eltern bezüglich seines Schwulseins klaren Wein eingeschenkt, im Wissen, dass dies einen gewaltigen Konflikt auslösen würde. In ihm steckte also nicht nur ein »Waschlappen«, sondern er verfügte auch über einen Aufbruchgeist.

Wir arbeiteten ausgiebig an diesem höchst bedeutsamen Traum, der die Dynamik, der er in seiner Kindheit schutzlos ausgeliefert war, und die damit verbundene Dauertraumatisierung ungeschminkt auf den Punkt brachte. So imaginierte er die furchterregende Figur vor seinem geistigen Auge, dann die Mutter, dann Erich und schlussendlich auch Arbeitskollegen und Vorgesetzte. Richard spürte eine Riesenwut auf all die Menschen, die ihm auf der Nase herumtrampelten und ihn herumkommandierten.

Zuletzt erschien auf dieser imaginativen Reise auch der »Waschlappen«, sein Vater. Und dann zeigte sich der »Waschlappen« in ihm. Er spürte ein kräftiges Nein, Stopp, So-nicht – und stieß es so laut aus, dass wir beide ob der Heftigkeit seiner Reaktion erst einmal erschraken.

Doch dieses Nein war der Paukenschlag zur Wende in Richards seelischer Not. Mit Nachdruck widersetzte er sich fortan seinem herumkommandierenden Umfeld, was zunächst alle vor den Kopf stieß. Niemand war von ihm ein Nein, Stopp oder So-nicht gewohnt. Vielmehr verkörperte er den Menschen, mit dem man alles machen und den man ungestraft ausnutzen konnte. Nun kam es plötzlich zu kräftigen Wortwechseln. Richard ließ sich nicht beirren und kämpfte wie ein Löwe für sich und seine Gefühle. Am konfliktträchtigsten waren seine Neins in der Beziehung. Erich und Richard verkeilten sich nun täglich in heftigen Streitereien. Bald darauf kam es zur Trennung.

Die Angstattacken waren vom Tag an, an dem das Nein in Richards Leben kam, vom Tisch. Sofort stellte sich auch wieder eine Zufriedenheit in seinem Leben ein. Nur war diese Zufriedenheit von erneuerter, bisher ungekannter Qualität. Wenn Zufriedenheit bis dahin die Abwesenheit von Ungemach unter Inkaufnahme seiner chronischen Duckstellung ausmachte, so bedeutet sie heute ein Sich-Einsetzen für die eigene Lebendigkeit.

Auch die Arbeit an seiner internalisierten Homophobie befreite ihn von seinem bisherigen Korsett. Zwar hatte er schon mit fünfzehn sein Coming-out, doch ordnete er sich damals seinem Umfeld trotzdem wieder unter. Abgesehen von wenigen und meist unbefriedigenden Gelegenheitskontakten war Erich bisher der einzige Mann in seinem Leben. Er spürte eine große Trauer in sich, seine Fantasien mit anderen Männern all die Jahre nicht ausgelebt zu haben, zumal zwischen ihm und Erich sexuell seit Jahren nichts mehr lief.

Wie konnte er seine sexuelle Lebenskraft derart unterdrücken und verleugnen? Nochmals kam eine Riesenwut gegenüber dem »Waschlappen« in ihm hoch. Und nochmals kam ein beherztes, klares Nein. Seither lebt Richard seine sexuellen Bedürfnisse ohne moralische Einschränkungen aus. Er ahnt zwar, dass er mit seinem derzeitigen exzessiven Ausleben und Ausprobieren nicht am Ziel seiner sexuellen Entwicklung angekommen ist. Doch ebenso spürt er, dass diese »spätpubertäre« Phase für ihn jetzt sehr wichtig ist und dass er sie solange ausleben wird, bis er innerlich spürt, dass – jenseits von einer moralisierenden Instanz – auf der Ebene der seelischen Bedürfnisse etwas Neues auf ihn zukommt.

Stefan

Wenden wir uns noch einer vierten Lebensgeschichte zu, derjenigen von Stefan. Stefan ist Mitte zwanzig und kam durch hausärztliche Zuweisung mit der Diagnose Alkohol- und Drogenmissbrauch zu mir. Er berichtete, dass ihm sein Arbeitgeber das Messer an den Hals gesetzt habe, da er zu viele krankheitsbedingte Abwesenheiten habe. Stefan räumte ein, dass solche Abwesenheiten alle zwei bis drei Wochen vorkämen. Er habe häufig einfach keinen Bock auf Arbeit. Dann melde er sich jeweils krank und sage, er habe starke Kopf- oder Bauchschmerzen.

Stefan wollte gar nicht zum Arzt gehen, doch sein Chef habe dies von ihm verlangt, sonst würde er seine Stelle verlieren. Auch fand er es das Letzte, jetzt einem Psychologen gegenüberzusitzen. Er fühlte sich genervt und sagte, er wisse gar nicht, was er hier eigentlich soll. Er sei doch kein »Psycho«.

Es sind immer denkbar ungünstige Voraussetzungen, wenn jemand dazu verdonnert wird, in eine Psychotherapie zu gehen. Meist enden solche Versuche denn auch ziemlich schnell und erfolglos, weil auf der einen Seite die Motivation fehlt und auf der anderen Seite die Mühsal zu groß wird, mit jemandem zu arbeiten, der dies gar nicht möchte. Die einzige Chance auf Erfolg besteht darin, wenn es gelingt, in einem solchen Klienten Interesse an einem Veränderungsprozess zu wecken. Wenn hingegen als alleinige Motivation die Abwendung von Sanktionen, etwa ein drohender Stellenverlust, bleibt, sind Klient und Therapeut auf verlorenem Posten und die Therapie verkommt bestenfalls zum sonderpädagogischen Maßnahmenpaket.

Wie aber kann man einen unmotivierten Menschen abholen? Höchstens bei seinem Unmotiviertsein, also seinem Unlustgefühl. Ob ein solches Unterfangen dann auch gelingt, ist eine andere Frage. Bei Stefan war dies der Fall. Nachdem er zunächst über seinen Chef, seinen Hausarzt und all die anderen herziehen konnte, die ständig etwas von ihm wollten und ihn nicht in Ruhe ließen – auch ich war selbstverständlich mitgemeint –, brach plötzlich das Eis. Anders als er erwartete, wies ich ihn nämlich nicht an, vernünftig zu sein und nun doch in die Therapie zu kommen, um seinen Job nicht zu verlieren. Vielmehr nahm ich sein rebellisches Wesen ernst und bekräftigte ihn in seiner Wut über die Menschen, die seiner Wahrnehmung nach rot auf ihn machten. Von Seiten einer Autoritätsperson, die er zweifelsohne in mir sah, war dies völlig neu für ihn. Ich habe auf seine Wutausbrüche immer wieder mit emotionalen Bekräftigungen wie »das bringt Sie in absolute Rage« oder »das finden Sie das Allerletzte« geantwortet, als er nach der achten Stunde unvermittelt in Tränen ausbrach. Sein verletztes inneres Kind meldete sich, nun nicht mehr in Form von Rebellion und Verweigerung, wie es für seinen Schutz bisher offensichtlich nötig war, sondern in seiner ganzen Zartheit und Zerbrechlichkeit.

Was war geschehen? Endlich hörte dem kleinen Stefan jemand zu. Stefan war oft sehr wütend und machte in seiner Verzweiflung das, was sein Gegenüber noch mehr erzürnte, worauf er wiederum noch wütender wurde. Ein klassischer Teufelskreis! Endlich wurde er in seiner Wut wahrgenommen und nicht für sein aggressives Verhalten getadelt oder bestraft.

Seine Aggressionen waren ja nur die Reaktionen auf das Nicht-wahrgenommen-Werden. So *musste* er als Kind seine kleine Schwester necken, bis diese weinte. Oder er *durfte* sich nicht auf seine Lehrerin einlassen, die er eigentlich geliebt hatte, sondern *musste* ihr ständig widersprechen. Außerdem *musste* er schon mit zwölf mit Rauchen anfangen, weil er wusste, dass dies Zoff geben würde. Auch *musste* er sich die Nächte mit Partys, Drogen und Alkohol um die Ohren schlagen, weil niemand die Not seines inneren Kindes wahrnahm, doch das Umfeld zumindest auf sein Rebellentum reagierte. Besser eine negative Reaktion als gar keine!

Jetzt spürte Stefan, dass er all dies gar nicht so haben wollte. Doch Rebellion war für ihn zum Zwang geworden und lief völlig automatisch ab, so wie viele andere Klienten ebenso zwangsläufig und automatisch angepasst sind. Darunter schrie sein inneres Kind. Jetzt durfte es endlich weinen und wollte damit nicht mehr aufhören.

Stefans Eltern waren absolut körper- und sexualfeindlich. Von seinem Vater wurde er nie über das unvermeidbar Funktionale angefasst. So hat sein Vater ihn nie »einfach so« herumgetragen, geschweige denn liebkost oder geherzt. Seine Mutter gab sich alle Mühe, mit ihrem Sohn »richtig« umzugehen. Sie wollte ja nichts »falsch« machen, doch war sie völlig unbeholfen und überfordert, mit Stefan kindgerecht umzugehen.

Stefans Reaktion auf die Respektlosigkeit seines Vaters und die Unbeholfenheit seiner Mutter war Rebellion. Dies verunsicherte die Mutter natürlich noch mehr. Stefan wies ihre Versuche von Zärtlichkeiten je öfter, umso mehr zurück, schrie und rannte davon.

Dass Stefan tobte, gefiel dem Vater heimlich, auch wenn er dies nie offen zu erkennen gab. Doch Stefan spürte es und wollte natürlich den Vater für sich gewinnen. Zum Windfang geworden, war er der geborene Anführer von Kinder- und später von Jugendgangs. Seine Devise lautete »Verweigerung gegenüber Autoritäten«. In der Schule fiel er als schwieriger Schüler und »Zappelphilipp« auf. Man diagnostizierte ein schwerwiegendes ADHS. Seine Schulnoten fielen entsprechend schwach aus. Nur mit Mühe konnte ein Rausschmiss aus der Schule abgewendet werden.

Auf eine Lehrstelle hatte er keinen Bock. Wie er es schaffte, trotzdem einen Lehrabschluss hinzukriegen, ist ihm bis heute ein Rätsel. Er verdankt es wohl seinem Lehrmeister, der wusste, wie man mit »schwierigen Jungs« umgehen muss.

Sein Schwulsein spürte Stefan sehr bewusst. Doch in seiner jugendlichen Machowelt, noch dazu als Anführer, konnte er es sich keineswegs leisten, offen Schritte hin zu einem Coming-out zu machen. Er verschanzte sich im Gegenteil umso mehr hinter schwulenfeindlichen Sprüchen und prahlte mit Mädchengeschichten, um jeden »Verdacht« auf Schwulsein vorsorglich von sich zu weisen. Heimlich kaufte er sich schwule Pornos und ging in fremden Städten auch immer mal wieder für schnellen Sex aufs öffentliche Klo. Er lebte in zwei Welten.

Die Tränen in der Therapie waren der Durchbruch durch einen dicken Panzer aus Destruktivität und Selbstdestruktivität, hin zu seinem Herzen. Er hatte Kontakt mit seinem inneren Kind geknüpft und musste diesen nicht gleich mit harten Sprüchen oder Verweigerung wieder zuschütten. Er hielt es aus, bedürftig und verletzlich zu sein – eine riesige seelische Leistung für einen rebellischen jungen Mann wie Stefan!

In den darauf folgenden Therapiestunden kam es zu einem Hin und Her zwischen dem rebellischen Stefan und dem zarten, verwundbaren Kind in ihm. An der Arbeit, unter Freunden oder in der Familie durfte niemand etwas vom »weichen« Stefan erfahren. Unter der Woche war er »ganz der Alte«, doch im therapeutischen Gespräch gelang es ihm meist, wieder zum inneren Kind zu finden.

So erzählte er mir nach einigen weiteren Therapiestunden, zwar beschämt, aber dennoch klar und bestimmt, von seinen schwulen Empfindungen. Noch nie hatte er darüber mit jemanden gesprochen. Auch wusste er zu diesem Zeitpunkt nicht, dass ich selbst schwul bin, und projizierte auf mich als Mann »ganz normale« homophobe Ablehnung. Doch er schien gewappnet zu sein, in diesem Fall für sich zu kämpfen. Ich verspürte Freudentränen in meinen Augen für den Mut von Stefan, sich für seine Gefühle und Empfindungen einzusetzen. Ich denke, wenn ich tatsächlich homophob reagiert hätte, hätte er auf eine reife Art und Weise gekontert. Ich war sehr stolz auf ihn.

Sein Coming-out machte in der Folge große Fortschritte. Er nahm sich in seinem Schwulsein selbst immer mehr an. Auch nach außen zeigte er sich immer selbstbewusster als schwuler Mann. Die meisten Menschen in seinem Umfeld reagierten zwar verwundert, denn kaum jemand hätte »dies« von Stefan vermutet. Doch abgesehen von seinem Vater, der ihn beschimpfte, und von seiner Mutter, die wie immer überfordert war und ins Selbstmitleid flüchtete, kam Stefans Coming-out überall gut an.

Am Arbeitsplatz – auch dort hatte er sich geoutet –, war er wie ausgewechselt. Er kooperierte mit seinen Kollegen und seinen Vorgesetzten und erlangte erstmals Freude an seiner Arbeit.

Stefans inneres Kind, das so weit entfernt schien, dass er es lange Zeit selbst nicht mehr spürte, wurde von ihm erkannt, getröstet, ermutigt und mittels seiner freigesetzten Kräfte aus seiner Not befreit. So musste er sich auch nicht mehr mit Alkohol abfüllen oder mit Cannabis zudröhnen, sondern kann heute beides gezielt auf einer reifen, erwachsenen Ebene als Genussmittel konsumieren.

Die vier hier wiedergegebenen Fallbeispiele haben alle einen glücklichen Ausgang. Selbstverständlich gelingt ein solcher nicht immer. Einigen Therapien bleibt kein erkennbarer Erfolg beschieden. Möglicherweise finden diese Klienten bei Fachleuten, die auf einer anderen therapeutischen Ebene ansetzen, Unterstützung. Bei einer anderen Gruppe von Klienten löst die Therapie wohl einen inneren Entwicklungsprozess aus, doch brauchen sie sehr viel Zeit, um auch ihre äußeren Verstrickungen zu lösen. Dies bedingt ein Dranbleiben, das auch wiederholt schwierige Prozesse überdauert, was alles andere als selbstverständlich ist. Und natürlich leben auch Peter, Ben, Richard und Stefan nun nicht im Paradies, sondern müssen sich tagtäglich mit sich und ihrem Leben auseinandersetzen.

Aber sie haben den seelischen Quantensprung vom Überleben in ein waches Leben geschafft.

Armut an wahren Gefühlen

In unserer westlichen Gesellschaft besteht seit der Renaissance, der Reformation und – noch viel stärker ausgeprägt – seit der Aufklärung eine starke Tendenz, das Denken als Maß aller Dinge und als höchste menschliche Errungenschaft zu werten. So gründet unsere Wissenschaft im Wesentlichen auf eben dieser Basis. Sie sucht nach objektiven Sachverhalten, misst sie und wertet sie anhand von Fragestellungen aus.

Wenn ich an dieser Stelle für meine Disziplin, die Psychologie, behaupte, mit dem ausschließlichen Fokussieren auf messbare Größen bleibe etwas Wesentliches auf der Strecke, dann plädiere ich keineswegs für eine Rückkehr in die mittelalterliche Irrationalität. Vielmehr mache ich die Erfahrung, dass in der Psychotherapie die Anwendung des biochemischen und kognitiven Fachwissens wichtig und richtig ist. Jedoch glaube ich, dass dabei etwas Wichtiges vergessen geht: einerseits die Ebene des Unbewussten, insbesondere des kollektiven Unbewussten, und andererseits die Ebene des inneren Erlebens und der Gefühle.

Es ist ohne Zweifel zutreffend, dass bei einem Menschen, der beispielsweise an Depressionen leidet, der biochemische Verarbeitungsprozess gestört abläuft. Dieser Befund lässt sich messen. Ihn zu negieren wäre töricht. Zu behaupten, jemand leide darum an Depressionen, *weil* sein Serotoninhaushalt gestört ist, stellt meiner Meinung nach jedoch die Kausalität auf den Kopf. Nicht weil Serotonin jemandem nicht in ausreichendem Maße zur Verfügung steht, leidet er an Depressionen, sondern er leidet an Depressionen, die sich – unter anderem – körperlich auch so auswirken, dass der biochemische Prozess in seinem Großhirn gestört ist und der Botenstoff Serotonin in nicht ausreichendem Maße verfügbar ist. Wäre eine Depression hinreichend durch den biochemischen Prozess beschrieben, ginge es tatsächlich nur darum, diesen »Defekt« zu beheben, also das geeignete Antidepressivum in der optimalen Dosierung zu verschreiben.

Nun zeigt sich in der Tat, dass dem nicht so ist. Zwar gibt es Menschen, die an Depressionen leiden, die ausschließlich medikamentös behandelt werden und die damit mehr oder weniger gut fahren. Genauso gibt es aber auch unzählige Menschen, die ihre meist gar nicht als solche diagnostizierten Depressionen mit Suchtmitteln, etwa Alkohol, Drogen oder mit übermäßigem Arbeiten, Fernseh- oder Internetkonsum, in Schach halten und damit ebenfalls mehr oder weniger gut über die Runden kommen.

Doch viele Menschen spüren, dass hinter ihrer Unzufriedenheit oder Depression mehr steckt als ein biochemisches Ungleichgewicht im Großhirn. Sie erkennen, dass Umstände in ihrem Umfeld, etwa im Beruf, in der Beziehung oder in Freundschaften, für sie nicht zufriedenstellend sind und dass dies der Grund für ihre Niedergeschlagenheit, ihre Antriebslosigkeit, ihre Ängste und ihre finsteren Gedanken ist.

Auch die Psychiatrie, die ja den biochemischen Ansatz vertritt, anerkennt heute vermehrt, dass die ausschließliche Behandlung mit Medikamenten oft nicht ausreicht. So werden auch im ärztlichen Gespräch psychische und soziale Belastungsfaktoren erwogen, heute weniger unter patriarchal-pädagogischen oder gar pseudowissenschaftlich moralisierenden Vorzeichen als vielmehr unter den scheinbar klaren Diagnosekriterien der WHO oder der APA. Seit einigen Jahren gewinnt aber vor allem die Allianz mit der Kognitiven Verhaltenstherapie an Bedeutung.

Die Kognitive Verhaltenstherapie verkörpert die konsequente Weiterführung des positivistischen Denkens der klassischen Naturwissenschaft, der Schulmedizin und der Psychiatrie für den psychologischen Bereich. Es ist auch tatsächlich das Verdienst der Kognitiven Verhaltenstherapie, im denkerischen

Verstehen von psychischen Störungen und deren Behandlung große Fortschritte gemacht zu haben. Vielen Menschen verhilft eine Kognitive Verhaltenstherapie, vielleicht ergänzt durch eine medikamentöse Behandlung, zu wesentlich höherer Lebensqualität.

Schon während meines Psychologiestudiums wunderte ich mich aber darüber, wie wenig in Lehrveranstaltungen von Gefühlen und dem, was ein Mensch in seinem Inneren erlebt, die Rede war. Bald realisierte ich, dass dies damit zu tun hat, dass Gefühle und inneres Erleben, anders als biochemische oder kognitive Prozesse, schwer bis gar nicht messbar sind. Wie soll man beispielsweise Liebe oder Trauer messen und quantifizieren? Man muss schon denkerische Abstraktionen von den zu erforschenden Gefühlen machen, um überhaupt etwas messen zu können. Aber damit misst man nicht das Gefühl selbst, sondern eben eine Abstraktion davon, auf die ein Forschungsteam sich festgelegt hat.

Eine Karte von einer Bergwanderung genauestens zu studieren, ist aber etwas ganz anderes, als diese Wanderung tatsächlich zu machen. Erst dann erleben wir das Wesen der Wanderung. Keine noch so genaue Karte wird uns erfahren lassen, was wir beim Anblick eines erhabenen Bergpanoramas erleben, das wir unter großer Anstrengung und mit viel Schweiß nach dem stundenlangen Aufstieg endlich genießen können. Auch wenn wir später von der Wanderung einen Reisebericht machen und diesen mit Fotos illustrieren, werden unser inneres Erleben und unsere dabei erfahrenen Gefühle einem anderen Menschen nur begrenzt Zeugnis darüber ablegen können, wie sich diese Wanderung angefühlt hat. Wenn er wirklich erfahren will, wie sich die Wanderung anfühlt, muss er sie selbst machen.

Umgekehrt ist es natürlich nützlich, sich vor der Wanderung anhand des Kartenmaterials kundig zu machen, wo der Weg durchführt, etwa um seine Kräfte einteilen zu können und sich nicht zu verlaufen. Ein taugliches Kartenmaterial ist also eine wichtige Voraussetzung für eine Gebirgswanderung.

Doch das Wesentliche der Wanderung besteht ohne Zweifel darin, diese Wanderung nun mit seinen wachen Sinnen und Gefühlen zu erleben.

Auch die folgende Anekdote bringt dies sehr schön auf den Punkt: Zwei Mönche aus verschiedenen Zen-Schulen treffen sich auf einer Brücke über einen Fluss. Der eine Mönch fragt, wie tief das Wasser wohl sei. Anstatt der erwarteten verbalen Antwort, etwa, dass der Fluss zehn Meter tief sei, wirft ihn der andere kurzerhand ins Wasser. Auf diese Weise konnte der Mönch, der die Frage stellte, erleben, wie tief der Fluss ist, und kam seiner Erleuchtung einen großen Schritt näher.

The map is not the landscape – die Karte ist nicht die Landschaft, formulierte Carl Rogers zutreffend, um den Unterschied zwischen einem noch so differenziert beschriebenen Funktionsplan und dem Ding an sich deutlich zu machen. Wir müssen also selbst Alice im Wunderland werden, um zu erleben, wie wundersam Alices Welt ist. Kinder können dies sehr gut, bevor sie darüber belehrt werden, auf was es in der Welt scheinbar ankommt.

Um inneres Erleben und um die mit diesem Erleben verbundenen Gefühle geht es in der Humanistischen Psychologie im Allgemeinen und in der Personzentrierten Psychotherapie im Speziellen. Personzentriert heißt, das innere Erleben und die dabei gemachten Gefühle eines Menschen zu fokussieren.

Gefühle? Sind Gefühle nicht einfach primitive Instinkte, die dem Menschen aus seiner evolutionären Geschichte noch anhaften? Sind sie nicht bloß vorrationale Bewertungsmechanismen, die dem Menschen halfen, in einer Zeit, in der er noch nicht zum komplexen Denken fähig war, sich in einer feindlichen Umwelt zu orientieren und zu überleben? Hat Denken nicht eine klare Vormachtstellung vor Fühlen und ist letzterem eindeutig überlegen?

Es ist wahr, Gefühle sind im klassischen naturwissenschaftlichen Sinn schwer fassbar und daher nicht unmittelbar messbar. Doch dies sagt weniger über das Wesen von Gefühlen und von innerem Erleben eines Menschen aus als vielmehr über die Grenzen der vorherrschenden Wissenschaft, mit etwas angemessen umzugehen, das ihr Bezugssystem sprengt.

Die klassische Naturwissenschaft hat in den letzten Jahrzehnten viele äußerst wertvolle Erkenntnisse zu Tage gebracht und tut dies zweifelsohne auch in Zukunft noch. Doch gerade für die Psychologie, die ja ins Deutsche übersetzt »Lehre von der Seele« heißt (*psyche* griechisch für Seele, *logos* griechisch für das Wort, die Erkenntnis, die Lehre), reicht meiner Ansicht nach diese Vorgehensweise nicht aus. Vielmehr tun wir gut daran, zu akzeptieren, dass es etwas gibt, das mit den herkömmlichen Methodiken nicht zu fassen ist, aber ebenso eine Realität darstellt wie die Dinge, die ihr zu fassen gelingen. Man kann zwar Gehirnareale neurophysiologisch bezeichnen, die beispielsweise bei Menschen in bestimmten Lebensumständen besonders aktiv sind. Oder man kann Erkenntnisse zusammentragen, die Menschen über ihr Erleben aussagen, wenn sie etwa verliebt sind. So erhält man Koordinaten, die es der wissenschaftlichen Psychologie erlauben, etwa ein Kartenmaterial über Menschen zu erstellen, die verliebt sind. Doch das Verliebtsein erschöpft sich bei weitem nicht darin. Im Kapitel »Spiritualität im Einklang mit Quantenphysik und geistiger Evolution« werde ich aufzeigen, dass sich die *moderne* Naturwissenschaft, namentlich die Quantenphysik, dieses Phänomens sehr bewusst ist und Wege aufzeigt, wie unser einseitig duales Bezugssystem transzendiert werden könnte.

Die Marginalisierung von Gefühlen in der klassischen Wissenschaft ist aber letztlich nur ein Abbild davon, wie wir im Alltag überhaupt mit Gefühlen umgehen. Meiner Meinung nach sind wir kollektiv unterernährt, was das Wahrnehmen von echten Gefühlen und das darauf abgestützte Handeln anbelangt.

Der individuelle Wert von Gefühlen fällt, je nach gegebenen familiären und anderweitigen gesellschaftlichen Strukturen, unterschiedlich aus. So kann ein Kind, das in einer Familie aufwächst, die seinem inneren Erleben eine Wichtigkeit zumisst, eher seine Gefühle entwickeln als eines, das bei seinen Eltern etwa auf ein intellektuelles, ein stark religiös geprägtes oder ein der Norm angepasstes Menschenbild trifft. Doch so oder so wird es spätestens in der Schule, im Studium oder im Beruf erfahren, dass das, wonach gefragt ist und womit das große Geld verdient werden kann, kognitive Leistungen erfordert. Gefühle werden in einer solchen Welt eher als störend empfunden. Daher leidet die Mehrzahl der Menschen der Industrienationen unter einer allgemeinen Unterernährung an echten Gefühlen. Jedenfalls verhalten sich sehr viele Menschen so, dass sie weniger auf ihre Gefühle als auf ihren Verstand hören.

Doch diese einseitige Betonung von Leistung und Rationalität bedeutet eine Verkürzung unseres menschlichen Horizonts. Dabei geht es gar nicht darum, die Gefühle gegen den Verstand oder umgekehrt auszuspielen. Vielmehr bedeutet es einen großen Gewinn, wenn ein Mensch bewusst beide Register, Gefühle und Verstand, ziehen kann und aus dieser Synthese gekonnt sein Leben gestaltet.

Neben einer allgemeinen Gefühlsentwertung werden spezifische Gefühle unterdrückt. So ist es in unserem Kulturkreis für einen Mann nicht schicklich, traurig zu sein und zu weinen, oder für eine Frau, wütend zu sein und herumzubrüllen. Hingegen ist es beispielsweise durchaus erlaubt, stolz auf seine Karriere zu sein. Allerdings ist dieses Stolzsein wiederum an Bedingungen geknüpft. So gilt einer, der mit seinen Leistungen allzu offensichtlich prahlt, als Angeber. Um gut anzukommen, sollte man also eine bestimmte Art von Stolz zum Ausdruck bringen, denn daraus lässt sich wiederum Kapital schlagen.

Doch ist ein solcher Stolz überhaupt noch ein Gefühl und nicht eher eine gestylte Kognition? Was sind überhaupt echte Gefühle und was sind viel eher Kognitionen, von denen wir nur glauben, dass es sich um Gefühle handelt?

Immer wieder erlebe ich, dass Menschen, die ich frage, wie sie sich in dieser oder jener Situation fühlen, beispielsweise antworten, sie fänden es nicht gut, was da passiert. Sie antworten nicht mit dem, was sie fühlen, sondern mit einer Einsicht, einer Meinung oder ganz allgemein mit einem Gedanken zum Thema. Beim nachfragen, was sie denn aber dabei fühlten, kommen viele in Bedrängnis und wissen gar nicht, was ich überhaupt von ihnen will. Manche reagieren darauf auch ziemlich gereizt und zunehmend verärgert.

Nicht wenige Menschen nehmen ihre Gefühle also gar nicht war. Das Denken ist für sie eine so omnipräsente Selbstverständlichkeit, dass sie auf die Frage nach ihrem Gefühl mit einem Gedanken antworten. Andere antworten darauf zunächst auch mit einem Gedanken. Auf Nachfragen hin äußern sie aber ihr Gefühl, etwa dass sie die besagte Situation hilflos oder wütend mache. Die Vorherrschaft von Kognitionen gegenüber Gefühlen ist auch bei ihnen unzweifelhaft zu erkennen, doch ist diese nicht absolut.

Noch viel schwieriger ist es, zwischen echten Gefühlen und Scheingefühlen zu unterscheiden. Insbesondere hinter vielen Schuld- und Schamgefühlen verbergen sich nämlich Wut und Trauer. Die Schuld und die Scham, die sie wahrnehmen, sind letztlich nur Ausdruck einer kognitiven Dissonanz[11], hinter der nicht eingestandene und nicht verarbeitete Wut und Trauer stehen. Wir werden darauf noch vertieft eingehen.

Wir schwulen Männer können ein Lied davon singen, wie es sich anfühlt, wenn gewisse Gefühle unerwünscht sind. Nachdem Heterosexismus und Homophobie nach wie vor stark verbreitet sind und es vor einigen Jahrzehnten erst recht waren, haben viele schon früh gelernt, dass es nicht gut ankommen würde, etwa von einem gleichgeschlechtlichen Schulfreund auf gefühlsbetonter oder gar erotischer Ebene zu schwärmen.

Dieses Beispiel für verinnerlichte Homophobie ist besonders illustrativ dafür, wie Gefühle meist schon früh in der Entwicklung auf Ablehnung stoßen und wie sich daraus eine Tendenz oder gar ein eigentliches Verbot entwickelt, sie zu fühlen und erst recht sie zum Ausdruck zu bringen. Da es sich bei internalisierter Homophobie um den zentralen Komplex

---

11 Erfahrung von widersprüchlichen Einstellungen bezüglich eines bestimmten Sachverhalts.

handelt, der für schwule Männer überaus bedeutsam ist, lohnt es sich, nochmals auf die dahinterliegende grundsätzliche Psychodynamik einzugehen.

Die vier Lebensgeschichten, die wir kennen gelernt haben, zeugen von Kindern, die in ihrer Persönlichkeit nicht wahrgenommen wurden. Sie durften sich nicht als die Wesen entwickeln, die sie waren. Vielmehr wurden sie durch seelische und manchmal auch durch körperliche Gewalt »ganz normal« in ein System hineingedrängt oder zumindest hineinzudrängen versucht, das ihnen nicht entspricht. Peter, Ben und Richard sind dabei den Weg der Anpassung gegangen, Stefan den Weg der Rebellion.

Beide, der Weg der Anpassung wie der Weg der Rebellion, entsprechen nicht einer reifen, eigenständigen Wahl. Alle vier Männer haben ihr inneres Kind im Stich gelassen, präziser gesagt: damals im Stich lassen müssen, um seelisch zu überleben. Stefans Weg der Rebellion ist dabei der von schwulen Männern weniger häufig gewählte Weg als der Weg der Anpassung, wie ihn Peter, Ben und Richard genommen haben. Jedenfalls suchen viel häufiger schwule Männer, die den Weg der Anpassung gegangen sind, therapeutische Unterstützung auf als solche, die den Weg der Rebellion gewählt haben. Gemeinsam ist hingegen beiden Wegen der Verlust der echten Gefühle in ihrer Kindheit und Jugend. Alle vier durften damals nicht so sein, wie sie waren. Ihre Bezugspersonen wollten sie anders haben.

Wie wir bereits wissen, ist ein Kind dem Wohlwollen seiner Bezugspersonen vollkommen ausgeliefert. Es kann es sich gar nicht leisten, gegen deren Willen zu handeln, weil es sonst Gefahr läuft, nicht »geliebt« zu werden. Solche »Liebe« hat aber mit wahrer Liebe nichts zu tun, sondern ist Ausdruck seelischer Erpressung, die mit elterlicher Unreife zusammenhängt, die wiederum mit deren eigenen Traumatisierungen zu tun hat.

Die Erpressung läuft beispielsweise so ab, dass der Erwachsene dem Kind die Beachtung entzieht, wenn es sich nicht so verhält, wie er es möchte. Wenn der kindliche Wille dann gebrochen ist und es pariert, das heißt »lieb ist«, erhält es die lebensnotwenige Zuwendung. Zu allem Hohn werden dieses Liebsein und die erkaufte Zuwendung dann »Liebe« genannt. Wohlverstanden handelt es sich hierbei keineswegs um eine exotische Ausnahme, sondern um einen »ganz normalen« Erziehungsstil, der besonders in früheren Dekaden gang und gäbe war.

Doch damit wird das höchste aller menschlichen Gefühle, die Liebe, geradezu vergewaltigt. Liebe wird von einem erpressten Kind zwangsläufig so verstanden, dass es nett sein muss, dass es seine Ansprüche zurücknehmen soll, dass es fleißig und zuvorkommend sein soll, dass es keine Umstände machen darf, dass es Mama trösten und Papa mit sportlichen Leistungen imponieren muss und dabei auch immer brav lächeln soll, damit alle Gefallen an ihm finden. Dafür wird es dann »geliebt«.

Häufig liefen solche seelischen Erpressungen subtil ab und sind dem Erwachsenen später meist so gut wie gar nicht bewusst, was an die therapeutische Aufarbeitung besondere Anforderungen stellt. Die schon zitierte Alice Miller hat einem ihrer Bücher den Titel »Du sollst nicht merken« gegeben, was diese Art der emotionalen Erpressung bestens auf den Punkt bringt (Miller, 1983). Die kindliche Seele blutet. Das Kind schreit, zu Beginn noch hörbar, später oft nur noch innerlich. Denn Mama mag es nicht, wenn es weint. Mit seinem Weinen stellt es sie ja in ein schlechtes Licht, nämlich keine gute Mutter zu sein. Dann wird Mama ganz traurig und muss getröstet werden. Und selbstverständlich lernt das Kind, genau dies zu tun. Das »Drama des begabten Kindes« (Miller, 1979) ist perfekt. Das Kind – begabt, wie es ist – verdrängt erfolgreich seine eigenen Gefühle und befriedigt die Bedürfnisse seiner Bezugspersonen.

Wie wir bereits wissen, geschieht dieses Drama auf dem Hintergrund, dass jedes Kind existentiell davon abhängig ist, von seinen primären Bezugspersonen – meist sind es die Eltern – geliebt zu werden. Ist diese elterliche »Liebe« an Bedingungen und Erwartungen geknüpft, entstehen anstelle von wahrer Liebe beim Kind Angst sowie Schuld- und Schamgefühle. So ist es wichtig, Angst, Schuld und Scham als das zu entlarven, was sie sind, nämlich letztlich Scheingefühle. Das lebendigste Gefühl eines Menschen ist die Liebe und die mit ihr verbundenen Lebensfreuden. Auf der gegenüberliegenden Seite steht die Angst[12]. Sie wiederum ist ein Konglomerat aus verschiedenen Reaktionen, die letztlich gar keine wirklichen Gefühle sind, sondern vielmehr aus der Angst abgeleitete Schlussfolgerungen, also Kognitionen darstellen. Es sind gedankliche Reaktionen darauf, wie man sich auf dem Hintergrund seiner unbewussten Überlebensstrategie fühlen sollte.

Arno Gruen, der in seinen Büchern immer wieder auf den Unterschied zwischen echten und vorgetragenen Gefühlen hinweist, formuliert es so: »Wir neigen dazu, Schuldgefühle für etwas zu halten, was sehr menschlich macht. Das ist aber ganz unangebracht. Echtes Schuldbewusstsein entsteht aus dem Wiedererwachen empathischer Empfindungen und weist sich aus durch innere Betroffenheit, verbunden mit dem Bemühen, begangenes Unrecht wieder gutzumachen. Was wir gewöhnlich Schuldgefühle nennen, ist bestenfalls Zerknirschung – eine außengelenkte Reaktion der Unterwerfung, die die Autorität gnädig stimmen soll. Damit wird nur der Kreislauf in Gang gehalten, aus dem die destruktiven Handlungen hervorgehen, aber nicht die Voraussetzung für wirkliche Veränderung geschaffen. Eine solche ist nur dem möglich, der wirklich erschrickt über das, was er aus einer falschen Identität heraus getan hat, und sich dem Schmerz darüber stellt. Nur in einer Entwicklung, die nicht zur Autonomie führt, spielt das Schuldgefühl eine herausragende Rolle. Es ist die erste Waffe gegen die Autonomie: Wenn das Kind den Forderungen der Eltern nach ›richtigem‹ Verhalten nicht folgt, wird es in seiner

---

12 Angst sollte nicht mit Furcht verwechselt werden. Es ist ein natürliches Gefühl, sich etwa auf freier Wildbahn vor einem hungrigen Löwen zu fürchten, um das Weite zu suchen.

Selbstachtung erniedrigt. Auf diese Weise hat das Schuldgefühl teil an dem Prozess, der einen Menschen immer weiter von sich selbst entfernt, denn das eigene Gefühl wird als Schuld erlebt. Das Schuldgefühl dient im Grunde nur dazu, die Herkunft der Zerstörungswut zu verbergen. Es reproduziert zugleich einen alten Mechanismus, denn die Erzeugung von Schuldgefühlen war ein bevorzugtes Manipulationsinstrument der elterlichen Macht. Wenn wir also einem schuldbewussten Menschen unterstellen, er sei ein gefühlvoller Mensch, sehen wir meistens Menschlichkeit da, wo sie gar nicht vorhanden ist« (Gruen, 1987, S. 97).

Das Konglomerat der Reaktionen, welche sich um die Angst herum bündeln, ist selbstdestruktive und potentiell auch fremddestruktive Energie, die seelisch und körperlich spürbar zusammenzieht, versperrt, einschränkt, wegrennt, sich versteckt, hortet und Schaden zufügt. Auf der anderen Seite ist die Liebe eine Energie, die sich ausdehnt, sich öffnet, aussendet, bleibt, enthüllt, teilt und heilt (Walsch, 1996).

Angst, Scham, Schuldgefühle und schlechtes Gewissen bewirken, dass viele Erwachsene ihre Kindheit und Jugend mit einer verklärten Sicht betrachten. »Es war immer alles in Ordnung.« – »Ich hatte eine unbeschwerte Kindheit.« – »Meine Eltern haben mich immer geliebt und stets zu meinem Besten gehandelt.« Oder: »Wenn ich mal bestraft oder geschlagen wurde, hatten meine Eltern allen Grund dazu.« – Dies sind Aussagen, die ich von Erwachsenen zu Beginn einer Therapie oft höre. Es durfte schon damals, als es passierte, nicht sein, dass die Eltern versagten und das Kind emotional im Stich ließen. Besonders Kinder, die »nur« seelischer Gewalt ausgesetzt waren, leugnen die elterlichen Unfähigkeiten meist hartnäckig oder bagatellisieren diese zumindest.

In der Regel können körperliche und sexuelle Misshandlungen in einer Therapie schon bald aufgedeckt werden. Viel schwieriger ist es, wenn die Eltern keine offensichtlichen Täter waren, sondern dem Kind »nur« auf einer subtilen emotionalen Ebene Gewalt angetan haben. So versteckt sich emotionaler Missbrauch oft hinter gutbürgerlichen Fassaden. Einem solchen »ganz normalen Wahnsinn« (Gruen, 1987) waren viele Erwachsene in ihrer Kindheit ausgesetzt, und zwar mit einer spezifischen Note, wenn sie sich schwul entwickelten.

Dabei ist es ja einsichtig, dass Eltern in der Regel wohl ihr Bestes geben wollen, sie jedoch selbst mitunter große emotionale Defizite haben. Also kann wahre, reife Liebe nur bis zu dem Grad weitergegeben werden, den Eltern ihrerseits von ihren Eltern erfahren haben, es sei denn, sie hätten – etwa im therapeutischen Rahmen – vertieft an sich gearbeitet.

Natürlich gibt es bezüglich emotionaler Reife große Unterschiede. Einige Eltern verfügen darüber eher als andere. Dennoch ist reife, wahre Liebe ein Ideal, an das wir uns nur graduell annähern können, ihm aber in seiner Absolutheit immer etwas schuldig bleiben. Sobald aber Liebe fehlt, entsteht Angst. Angst ist die Abwesenheit von Liebe. Sie gehört zum Menschsein, wird allerdings ihrerseits oft verdrängt und geleugnet, da Angst zuzugeben, insbesondere für Männer, nicht schicklich ist. Dies erschwert oder verhindert das Wahrnehmen von darunter liegenden Gefühlen, namentlich von konstruktiver Wut und Trauer.

So werden Wut und Trauer häufig als negative, jedenfalls ungute Gefühle wahrgenommen. Dies hat damit zu tun, dass viele Menschen weder Wut noch Trauer in ihrer kraftvollen, konstruktiven Form kennen. Vielmehr verwechseln sie Wut mit destruktiver Aggression, Ärger und Frustriertsein und Trauer mit Depressivsein. Die Wurzel für dieses verbreitete Missverständnis ist am gleichen Ort zu suchen wie die Wurzel für die Verwechslung von wahrer Liebe und Liebsein. So sind destruktive Aggression, Ärger, Frustriert- und Depressivsein nur Zerknirschungsformen von dahinterliegenden echten Gefühlen.

Konstruktive Wut und Trauer

Konstruktive Wut und Trauer – beides sind grundlegende menschliche Gefühle, die aber, gerade auch von vielen schwulen Männern, oft nur verzerrt oder gar nicht wahrgenommen werden und daher ein angemessenes Verhalten verhindern. Wenden wir uns als Erstes der konstruktiven Wut zu.

Konstruktive Wut ist die Grundlage von Konfliktfähigkeit. So stellt sich zunächst die Frage, ob jemand Konflikte überhaupt als solche erkennt und angeht oder ihnen nach Möglichkeit ausweicht.

Konflikte sind etwas, das zum Leben gehört. Zwei Lebewesen kämpfen um eine Ressource. Im primitiven Fall mag diese Ressource Nahrung oder Lebensraum sein. Tiere wie Menschen kennen solche Konflikte. Ausschließlich menschlich ist hingegen der Konflikt um einen Gedanken, eine Ansicht oder eine Idee. Beispielsweise sind zwei Personen über einen Sachverhalt unterschiedlicher Meinung, etwa ob sie in die Oper oder ins Kino ausgehen wollen. Wird sich Person A, der es wichtig ist, in die Oper und nicht ins Kino zu gehen, auch gegen den Widerstand von Person B und zugunsten ihres Interesses für den Opernbesuch einsetzen?

Wer Konflikte im Voraus möglichst nicht erst entstehen lässt, indem er seine eigene Meinung gar nicht kundtut oder, wenn unterschiedliche Ansichten vorliegen, lieber klein beigibt, um den »Frieden« zu wahren, ist Konfliktvermeider und damit zumindest teilweise konfliktunfähig. Aber auch jemand, der immer blind seinen Willen durchzusetzen versucht, ohne auf den anderen einzugehen, ist konfliktunfähig. Er ist Rebell.

Die Steigerungsform von Rebellen sind Menschen, die stets einen Streit vom Zaun brechen. Sie sind streitsüchtig, cholerisch und oft auch jähzornig. Schauen wir uns beide Grundrichtungen der Konfliktunfähigkeit, einerseits den Konfliktvermeider, andererseits den Rebellen beziehungsweise den Streitsüchtigen, genauer an.

In meiner psychotherapeutischen Praxis zeigt sich, dass

viele schwule Männer Konfliktvermeider sind. Sie sind in der Regel zwar überdurchschnittlich sozial kompetent, etwa besonders einfühlsam, gebildet und kultiviert. Dadurch sind sie in ihrem privaten und beruflichen Umfeld häufig beliebt. Doch viele haben ein Problem, wenn es um Streit geht, und weichen Konflikten aus. Sie sind aggressionsgehemmt. Woher kommt das?

Konfliktfähigkeit bedingt, dass ein Mensch seine Bedürfnisse überhaupt wahrnehmen kann. Wenn er schon gar nicht spürt, ob er heute lieber in die Oper oder ins Kino ausgehen oder vielleicht etwas Drittes tun würde oder am liebsten zu Hause bliebe, fehlt ihm die erste entscheidende Grundlage zur Konfliktfähigkeit. Man mag einwenden, dass es für ihn offensichtlich keine Wichtigkeit habe, ob er nun den Abend in der Oper, im Kino oder sonst wo verbringt. Doch verbirgt sich hinter einer solchen vordergründigen Offenheit meist eine grundsätzliche Unsicherheit, Angst und Konfliktunfähigkeit. Hat es denn beispielsweise auch keine Wichtigkeit, dass ein Jugendlicher spürt, ob er sich von Mädchen oder von Jungen angezogen fühlt? Beides hat die gleiche Wurzel. Und beide Beispiele sind unter schwulen Männern recht verbreitet. Viele schwule Männer spürten in ihrer Pubertät nicht, dass sie eigentlich auf Jungen stehen, und ließen sich – weil es von ihnen so erwartet wurde – auf Mädchen ein. Nicht wenige heirateten später, gründeten eine Familie, um dann mit dreißig, vierzig oder fünfzig Jahren zu merken, dass etwas nicht stimmt. Einige merken es ein Leben lang nicht.

Bei diesen schwulen Männern hat die erste Phase der Traumatisierung (vgl. Kapitel »Internalisierte Homophobie«) besonders tiefe Spuren hinterlassen. Es sind schwule Männer, deren Selbstwahrnehmung in der Kindheit dermaßen unter Druck geraten ist, dass sie ihre Bedürfnisse im Extremfall gar nicht spüren. Bens Lebensgeschichte ist ein Beispiel dafür.

Entwicklungspsychologisch betrachtet entsteht bei Kindern, die ihre Gefühle und Bedürfnisse nicht wahrnehmen durften, entweder gänzliche Aggressionsgehemmtheit oder

– bei schwulen Männern seltener – Streitsucht. Sowohl der aggressionsgehemmte wie der streitsüchtige Mensch spürt sich, seine Bedürfnisse und seine wahren Gefühle nicht. An deren Stelle haben sich die implantierten Bedürfnisse seiner Bezugspersonen aus der Kindheit – in der Regel sind dies die Eltern – breit gemacht. Oder es entsteht, im Fall von Streitsucht, ein ständiges Nein gegen alles und jeden.

Vollkommen aggressionsgehemmte Menschen erfüllen stets die Erwartungen des Gegenübers, oft ohne dass dieser sie überhaupt ausgesprochen hat. Sie »wissen« etwa, dass ihr Partner lieber in die Oper geht, und sagen, ihnen sei es egal, wohin sie ausgingen, oder dass sie selbst auch lieber in die Oper als ins Kino gingen. Damals wussten sie, dass ihre Eltern erwarteten, dass sie heirateten und Kinder bekämen, und glaubten, dass sie dies selbst auch wollten. So erwogen sie schon gar keine andere Möglichkeit.

Dem gegenüber stehen streitsüchtige Menschen. Auch sie spüren ihre Bedürfnisse nicht, passen sich aber nicht den Erwartungen des Gegenübers an, sondern widersetzen sich diesen a priori. Letztlich befinden sich aber völlig angepasste wie streitsüchtige Menschen in ein und demselben Boot.

Ihr inneres Kind ist in beiden Fällen weitab. Sie müssen sich erst einmal überhaupt zu fühlen erlauben. Möchte ich lieber Klavier spielen, nach draußen gehen oder lesen? Oder vielleicht etwas ganz anderes tun? Mag ich überhaupt Klavier spielen, nach draußen gehen oder lesen? Oder tue ich dies, weil ich weiß, dass es von mir erwartet wird, und ich mittlerweile selbst glaube, dass ich dies möchte? Oder – im Fall von Streitsucht – widersetze ich mich dem Klavierspielen, weil ich weiß, dass von mir Klavierspielen erwartet wird, und mittlerweile selbst glaube, dass ich Klavierspielen nicht mag?

Menschen, die ihre Bedürfnisse gar nicht wahrnehmen, fehlt das »kleine Einmaleins der Gefühle«. Darüber hinaus gibt es Menschen, die ihre Bedürfnisse zwar wahrnehmen, aber nicht in der Lage sind, dafür zu kämpfen. Ihnen fehlt das »große Einmaleins der Gefühle«.

Auch beim »großen Einmaleins« gibt es wiederum zwei Varianten: einerseits Menschen, die sich den ausgesprochenen oder vermuteten Erwartungen des Umfelds anpassen, obwohl sie spüren, dass ihnen dies eigentlich nicht entspricht; und andererseits Menschen, die sich allem rebellisch widersetzen, obwohl sie spüren, dass es ihnen entsprechen würde. Die Lebensgeschichten von Peter und Richard zeugen von der ersten Variante, diejenige von Stefan von der zweiten Variante dieser Form des Mangels an Konfliktfähigkeit.

Werfen wir zunächst einen Blick auf die zweite Variante, die Rebellion. Rebellische – und erst recht streitsüchtige – Menschen finden per definitionem kaum freiwillig in eine therapeutische Praxis. Sie rebellieren ja aus Prinzip, also auch gegen psychologische Unterstützung. Auch Stefan kam zu Beginn nicht aus freien Stücken zu mir, sondern weil er von seinem Vorgesetzten dazu verpflichtet wurde.

Stefan spürte spätestens seit seiner Pubertät, dass er schwul ist. Wie die Angepassten, die ihr Schwulsein nicht schon vorher völlig verdrängt haben und es daher in ihrer Pubertät wahrnehmen, verheimlichte Stefan aber sein schwules Empfinden, um die befürchtete Schmach abzuwenden.

In diesem Punkt zeigt sich sehr anschaulich, dass Rebellion auch eine Form von Anpassung ist. Die Anpassung erfolgt zwar nicht an die Gebote oder Verbote der Eltern und der Gesellschaft, sondern an die Gebote und Verbote des Rebellentums, also an die Ansichten derjenigen, die sich a priori den Ansichten der Eltern oder der etablierten Gesellschaft widersetzen. Sowohl der rebellische als auch der angepasste Mensch wagen aber nicht, zu sich zu stehen und ihren eigenen Weg zu gehen. Daher bedeutet Rebellion letztlich auch Anpassung, eine Anpassung mit umgekehrten Vorzeichen. Das eine ist aber nur die Kehrseite des anderen.

In der Therapie ging es bei Stefan also darum, sich seine schwulen Gefühle einzugestehen, um dann ein Coming-out zu wagen und gezielt für sich zu kämpfen. Bisher kämpfte er rebellisch für die Rebellion. Doch ist dies ein ziemlich inhaltsloser Kampf. Viel attraktiver wäre es doch, für seine Empfindungen und Bedürfnisse zu kämpfen. Die Grundlage dafür, nämlich seine Empfindungen und Bedürfnisse zu spüren, war bei Stefan gegeben, denn er hatte diese in seiner Kindheit nicht völlig verdrängt.

Stefans Überlebensstrategie ist rebellisch. Peters, Richards und natürlich erst recht Bens Überlebensstrategie hingegen angepasst. Stefan, Peter und Richard litten aber letztlich an derselben Problematik. Obwohl alle drei spürten, wie es um sie stand, wagten sie nicht, für sich zu kämpfen. Bei Ben ging es hingegen erst einmal darum, ihn mittels Arbeit mit dem inneren Kind zu befähigen, seine Empfindungen und Gefühle überhaupt zu spüren (»kleines Einmaleins«), um dann zu lernen, für seine Bedürfnisse zu kämpfen (»großes Einmaleins der Gefühle«).

Für sich, seine Empfindungen, Gefühle und Bedürfnisse kämpfen zu lernen ist ein wesentlicher Schlüssel zur Persönlichkeitsentwicklung. Dazu benötigt man Aggression. Aggression aber ist etwas, das vielen Menschen Angst macht. Dies hängt damit zusammen, dass Aggression häufig mit ihrer pervertierten Form, der Destruktion, verwechselt wird.

Destruktion, oft in ihrer brutalsten Form, hat die Entwicklung der Menschheit Jahrtausende lang blockiert. So führten wir über die längste Zeit der Menschheitsgeschichte Krieg und schlugen einander die Schädel ein. Erst seit vergleichsweise sehr kurzer Zeit leben die Völker unseres Kulturkreises in Frieden, jedenfalls wenn man Frieden bescheiden als Abwesenheit von Krieg und wirtschaftliche Zusammenarbeit definiert. Die brachialste Form von Destruktivität scheint seit dem Ende des Zweiten Weltkriegs in Westeuropa glücklicherweise kein Thema mehr zu sein. Aber selbstverständlich begegnen uns auch im westeuropäischen Alltag noch Formen destruktiver Aggression. Physische Gewalt ist dabei nur ihr sichtbarer Ausdruck.

Nicht wenige Menschen haben in ihrer Familie oder unter Gleichaltrigen brachiale Destruktion erlebt. Körperliche

Gewalt in Form von Schlägen oder deren Androhung hinterließen physische und seelische Verletzungen. Dazu kamen unzählige Formen von emotionalem Missbrauch, wie etwa nicht wahrgenommen, nicht ernst genommen, gedemütigt, genötigt, ausgegrenzt, ausgenutzt und verlacht oder sonst wie abgewertet worden zu sein. Auch dies sind destruktive, pervertierte Formen von Aggression. Sie sind zwar subtiler als brachiale Gewalt, daher schwieriger aufzudecken, hinterlassen aber oft ebenso tiefe seelische Wunden.

Aggression in dieser zerstörerischen Form ist entschieden abzulehnen. Sie hat in der Menschheitsgeschichte und bei jedem einzelnen Menschen schon genug Unheil angerichtet.

Aggression ist aber eigentlich ein Gefühl, das uns auf etwas hinweist. Es zeigt uns an, dass für uns etwas nicht in Ordnung ist. Wenn uns beispielsweise jemand auf der Nase herumtanzt, ausnutzt, ausgrenzt oder abwertet, dann ist es äußerst dienlich, Aggression in Form von Wut zu verspüren und sich zur Wehr zu setzen.

Wenn hier die Rede von Wut und Aggression ist, so sind also nicht blinde Wut und Destruktion gemeint. Vielmehr ist Aggression im Sinne eines konstruktiven Auf-jemanden-Zugehen-und-für-seine-eigenen-Bedürfnisse-Kämpfen gemeint. Grundlage dafür aber ist, dass wir Wut überhaupt verspüren.

Genau an diesem Punkt sind viele schwule Männer »betriebsblind«. Wenn ich solche Klienten in der Therapie auf ihre Aggressionshemmung anspreche, sind sie häufig erstaunt darüber, dass ich das Fehlen von Aggression überhaupt als problematisch ansehe. Sie führen dann Argumente ins Feld, wieso sie Aggression ablehnen. Dabei werden wir uns immer schnell einig, denn die Form von Aggression, die sie dann beschreiben, ist destruktiv. Ihnen ist aber oft nicht bewusst, dass sie die *konstruktive Form von Aggression*, nämlich *für sich einstehen und für sich kämpfen*, völlig verdrängen.

So spüren sie entweder gar nicht, dass jemand seine Bedürfnisse auf ihre Kosten auslebt, oder sie spüren es zwar, aber sie können sich nicht zur Wehr setzen. So oder so richten sie ihre

Aggression permanent gegen sich selbst und wundern sich darüber, dass es ihnen schlecht geht, etwa weil sie depressiv werden oder immer mehr irrationale Ängste entwickeln. So geraten sie immer wieder in seelische Krisen, können aber wegen ihrer Aggressionshemmung gar nicht erkennen, was wirklich Not tut.

In der Therapie müssen wir uns daher um ihre Wut kümmern, sei es, für ihre Wut überhaupt erst ein Gefühl zu entwickeln (»kleines Einmaleins«), oder sei es, eine Form zu finden, ihre Wut angemessen auszudrücken (»großes Einmaleins« der Gefühle) und nicht permanent gegen sich selbst zu richten. Da beides mit verdrängten Erfahrungen aus der Kindheit und Jugend zu tun hat, eignet sich die Arbeit mit ihrem inneren Kind sehr gut dafür.

Es ist unvermeidlich, dass aggressionsgehemmte Menschen immer wieder in Situationen geraten, in denen es sich zeigt, dass ihnen etwas Entscheidendes fehlt. Dies mag sich in banalen Alltagssituationen ausdrücken, etwa wenn es darum geht, ein gekauftes mangelhaftes Produkt zu beanstanden und dafür eine angemessene Entschädigung einzufordern. Wie geht ein aggressionsgehemmter Mensch mit einer solchen Situation um? Spürt er überhaupt, dass ihm was Unrechtes geschehen ist? Ärgert er sich darüber? Auf wen bezieht sich sein Ärger? Auf sich selbst, auf die »böse Welt« oder auf den Laden, in dem er das mangelhafte Produkt gekauft hat? Was macht er mit seinem Ärger? Wirft er den verschimmelten Joghurt einfach weg und geht zur Tagesordnung über? Doch wohin geht dann die Energie seines Ärgers oder seiner Wut? Schluckt er sie einfach runter? Oder lässt er sie an jemand anderem aus, etwa an seinem Partner in Form von Unzufriedenheit und Nörgeleien? Oder geht er einfach nicht mehr in diesen Laden einkaufen und »rächt« sich auf diese Weise? Oder tut er, was auf einer reifen, erwachsenen Ebene angemessen ist, und beanstandet bei seinem nächsten Einkauf den Joghurt und fordert dafür einen Ersatz?

Nun ist dies gewiss eine banale Situation, über die man

hinwegsehen könnte, doch zeigt sie exemplarisch sehr deutlich, wie ein Mensch mit seinen Aggressionen grundsätzlich umgeht. Spürt er sie überhaupt? Spürt er, dass ein Konflikt ansteht? Geht er den Konflikt an oder weicht er ihm aus?

Schon weniger banal mag folgende Situation zweier Lebenspartner sein, nennen wir sie Marc und René. Marc hat für das gemeinsame Abendessen eingekauft, gekocht und für René, der nach einem anstrengenden Arbeitstag nach Hause kommt, den Tisch besonders liebevoll gedeckt. Gerade weil Marc weiß, dass René derzeit beruflich sehr gefordert und gestresst ist, will er ihm eine Freude bereiten und seinen Feierabend besonders schön gestalten. So plant Marc, neben dem aufmerksam gedeckten Tisch und Renés sorgfältig zubereiteten Lieblingsgericht, mit ihm nachher gemütlich zu kuscheln und vielleicht auch noch Sex zu haben, zumal René sich ja schon wiederholt darüber beklagt hat, dass im Bett kaum noch was läuft.

René kommt, ohne Bescheid zu geben, eine Stunde verspätet nach Hause, ist miserabler Laune, begrüßt seinen Partner kaum, legt sich mit den Straßenschuhen und der Zeitung erstmal auf die Couch und lässt verlauten, dass er keinen Hunger habe und sich später nochmals hinter die Arbeit klemmen müsse. Marc, der gerade noch bester Dinge war, fällt die Kinnlade herunter. Was wird er tun?

Verspürt er Wut? Oder ist er ganz einfach nur enttäuscht? Hat er gar Verständnis für Renés Unpässlichkeiten? Was macht er mit seiner Enttäuschung? Findet er, René müsste doch merken, was für ein fürsorglicher und aufopfernder Partner er sei, und ist eingeschnappt, dass er dafür keinerlei Anerkennung bekommt? Oder was macht er mit seiner Wut, wenn er sie verspürt? Geht er den Konflikt an oder weicht er ihm aus? Und wenn er den Konflikt angeht, wie tut er dies? Nimmt er seine Wut ernst und kämpft für seine Bedürfnisse? Oder gibt er nach einem ersten Schritt bald wieder nach? Doch was macht er dann mit seiner Enttäuschung?

Oft höre ich von Menschen wie Marc, dass »es ja doch

nichts nützen würde, sich zu wehren«. Sie meinen damit, dass sie es schon probiert hätten, Konflikte anzugehen, doch hätte das Gegenüber kein Verständnis dafür gezeigt und sich das nächste Mal wieder genau gleich verhalten.

Sie verspüren also anfänglich etwas Wut, geben diese unter Umständen auch zu erkennen, doch sind sie schnell entmutigt und zerknirscht, wenn dann der andere nicht so tut, wie sie es sich vorstellen. Sie bleiben nicht am Ball, indem sie weiter für ihre Gefühle kämpfen, sondern lassen es »dem Frieden zuliebe« bald bewenden. Zurück bleibt, dass sie es nicht begreifen können, wie unsensibel sich ihr Partner ihnen gegenüber verhält und fühlen sich als unverstandene Opfer dessen Aggressionen. Ihre Wut erstickt im Keim. Oft wird aus ihr bittere Enttäuschung. Doch wohin geht diese dann?

Sowohl das Gar-keine-Wut-Verspüren und die damit einhergehende Enttäuschung, als auch das schnelle Aufgeben des Konflikts zugunsten des »Friedens«, beides geht auf seelische Traumatisierungen in der Kindheit und Jugend zurück. Es ist das verletzte innere Kind, das keine Wut verspüren durfte, sondern höchstes Enttäuschung und sich nicht zu wehren getraute oder sich nach kurzem »Kampf« zerknirscht zurückziehen musste. Das Kind konnte es sich damals tatsächlich nicht leisten, für seine Wahrheit zu kämpfen, sonst hätte es die Zuwendung und »Liebe« seiner Bezugspersonen verloren. Daher ist es so wichtig, in der Therapie dieser kindlichen Hilflosigkeit auf die Spur kommen. Sie beinhaltet den Teil in uns, der uns Konflikte vermeiden lässt.

Häufig haben aggressionsgehemmte Menschen riesige Erwartungen an ihre Mitmenschen, insbesondere an ihre Partner. So wusste auch Marc ganz genau, wie René sich seiner Meinung nach zu verhalten gehabt hätte. Eine solche Erwartungshaltung hat allerdings mit Liebe nichts zu tun, sondern ist Ausdruck unterdrückter Aggression. So versucht Marc Renés Verhalten permanent zu manipulieren und bestraft ihn bei »Fehlverhalten« mit Eingeschnapptsein und Liebesentzug. Zu Recht kann man ein solches Verhalten als Erpressungsversuch bezeichnen. Was Marc in seiner Kindheit erlitten hat, projiziert er nun auf René. Dabei bleibt er jedoch ebenso passiv-aggressiv wie damals seine Mutter. Falls René dieses Spiel mitspielt und sich so verhält, wie Marc es unausgesprochen von ihm erwartet, ist die Reinszenisierung des kindlichen Dramas perfekt. Doch wehe, wenn nicht! Dann drohen kurzfristig Frustration und Zerknirschung und langfristig Depressionen.

In der Regel sind dem betreffenden Menschen seine Dramen – zumindest anfänglich – unbewusst. Er hat diese längst verdrängt und verwechselt demzufolge jetzt ebenfalls Liebe mit Erpressung. Bei schwulen Männern kann eine solche Dynamik anhand ihrer internalisierten Homophobie prägnant bewusst gemacht werden. Die damals unterdrückte Sexualität steht dabei für den Anteil an Konfliktunfähigkeit, der sich generell in ihrem Leben niederschlägt.

So drängen sich etwa folgende Fragen auf: War mir als Kind und Jugendlicher überhaupt bewusst, dass ich schwul bin, oder habe ich meine homosexuellen Empfindungen völlig verdrängt? Wenn es mir bewusst war, wie ging ich mit meinem Schwulsein um? Konnte ich dafür kämpfen? Oder ließ ich mich vom heterosexistischen und homophoben Umfeld – einerseits den Eltern, andererseits der Schule, der Gesellschaft, der Kirche und dem damaligen Stand der Wissenschaft – einschüchtern, um nicht ihre »Liebe« zu verlieren? Wie verlief mein Coming-out? Wo stand noch etwas aus? Wo steht auch heute noch etwas aus? In meinem Buch »Vertieftes Coming-out« (Wiesendanger, 2005) habe ich die Prozesse schwulen Selbstbewusstseins, die sich nicht in einem bloß oberflächlichen Coming-out erschöpfen, eingehend beschrieben.

Wenn wir uns in der Arbeit mit dem inneren Kind diese Prozesse des Für-sich-Einstehens und Für-sich-Kämpfens bewusst machen, stoßen wir auf ein zweites, absolut grundlegendes menschliches Gefühl, das wir in seiner tiefgründigen Bedeutsamkeit häufig vernachlässigen: die Trauer.

Trauer wird in unserem Kulturkreis oft mit Depression verwechselt. Nichts liegt jedoch der Wahrheit ferner als eine solche Gleichsetzung. Denn Depression ist kein Ausdruck von Gefühlen, sondern vielmehr die überaus schmerzliche Wahrnehmung der Abwesenheit von Gefühlen, ein Wahrnehmen von Leere und dadurch von Angst. Gefühlsleere und Angst gehören eng zusammen und rufen Reaktionen der Schuld und Scham, der Ohnmacht, Hilflosigkeit und Verzweiflung hervor. Depressionen, Angsterkrankungen, Zwänge und psychosomatische Störungen sind deren mögliche Folgen.

Trauer hingegen ist ein lebendiges Gefühl. Sie belebt. Wenn ich um den Verlust eines Menschen durch Tod oder Trennung trauern kann, erkenne ich mich selbst als liebend, erkenne, was Liebe sein kann, und bin über diese Wahrheit mit den menschlichen Urgefühlen Trauer und Liebe verbunden.

Die konstruktive Wut und die Trauer sind also Gefühle, die mich, über eine oft schmerzliche Auseinandersetzung mit mir und meiner Umwelt, zur unbedingten Liebe und damit zum wahren Selbst führen. Daher ist es in einer seelischen Krise ganz besonders wichtig, sich der konstruktiven Wut und der Trauer zu öffnen, wobei die konstruktive Wut zur Trauer führt, zum Abschiednehmen des Nicht-mehr-in-der-Norm-Seins, zugunsten jedoch einer viel umfassenderen Lebendigkeit.

Allerdings passt wahre Trauer nicht in unsere rationalisierte, ökonomisierte und technisierte Umwelt. So wurde vielen Menschen, vor allem Männern, schon als Kind Trauer abtrainiert, während Frauen sie sich, jedoch häufig in der pervertierten Form der aufgesetzten Emotionalität und verbunden mit einem Hang zum Selbstmitleid, aneignen durften. Auch viele schwule Männer erlernten diese pervertierte »feminine« Ausgestaltung des menschlichen Grundgefühls der Trauer. Doch diese »Trauer« hat mit lebendiger Trauer nichts zu tun.

Von Kindheit an ließen wir uns Tugenden angedeihen, die den Vorstellungen unserer Eltern und der Gesellschaft entsprachen.[13] Dazu gehörte und gehört immer noch eine bestimmte

---

13 Wie ich weiter vorne aufgezeigt habe, gilt diese Grunddynamik in der Tiefe auch für rebellische Menschen. Sie widersetzen sich zwar den

Form der Lebensführung, die eine Gesellschaft zu einer bestimmten Zeit als erstrebenswert definiert. So bewundern und beneiden wir üblicherweise Menschen, die Karriere machen, viel Geld verdienen, erfolgreich und – für schwule Männer besonders wichtig – schön und jugendlich sind. Die meisten Menschen identifizieren sich damit und erklären diese Insignien der Macht zu ihrem Lebenselixier. Doch identifizieren sie sich damit mit ihrem Überlebenskonzept, das aber nichts mit ihrem wahren Selbst zu tun hat. Unbewusst geht eine solche Identifizierung mit dem Urschmerz des Getrenntseins von wahren Empfindungen und Gefühlen einher, das seine Ursprünge wiederum in den seelischen Traumatisierungen in der Kindheit und Jugend findet.

Wenigen Menschen ist dieser Zusammenhang bewusst. Ebenso unbewusst ist vielen, dass diese Identifizierung mit familiären, gesellschaftlichen und kirchlichen Tugenden mit einem riesigen Verlust an seelischer Integrität einherging. Die Trauer um diesen kindlichen Verlust können deshalb viele Menschen nie angehen. Sie verdängen vielmehr das Gefühl für lebendige Trauer grundsätzlich, weil sie unbewusst noch immer befürchten, die Wahrheit würde sie umbringen.

Als Kind hatten sie damit Recht. Sie hätten die »Liebe« ihrer Bezugspersonen verloren, was einem seelischen Selbstmord gleichgekommen wäre. Daher haben sie sich sinnvollerweise ihre Überlebensstrategie angeeignet. Doch wäre es heute nicht an der Zeit, diese zugunsten von konstruktiver Wut, wahrer Trauer und wirklicher Liebe fallen zu lassen?

Um zu verstehen, was Trauer im Gegensatz zu depressiver Enttäuschung und Zerknirschung sein kann und welche Chance deren Aufarbeitung für die Persönlichkeitsentwicklung darstellt, eignet sich wiederum die Auseinandersetzung mit unserem inneren Kind.

---

familiären und gesellschaftlichen Vorstellungen, doch resultiert daraus ebenso wenig ein eigenständiger Weg als vielmehr eine Anpassung mit umgekehrten Vorzeichen.

Wenn wir durch Trennung oder Tod mit dem Verlust eines lieben Menschen konfrontiert sind, haben wir ganz besonders die Chance, nach jahrzehntelanger unbewusster Verdrängung wieder mit unserer Fähigkeit zu trauern in Kontakt zu kommen. Richard, den wir bereits kennen gelernt haben, verlor ein Jahr nach der Trennung von Erich seine Mutter. Dieser Tod löste in Richard unglaublich viel aus, obwohl er zu seiner Mutter ein sehr belastetes Verhältnis hatte und mit ihr seit langen Jahren kaum mehr Kontakt pflegte. Doch durch die bisherige therapeutische Auseinandersetzung mit seinem inneren Kind hatte er schon ein gutes Stück an seinen seelischen Verletzungen gearbeitet und eine Konfliktfähigkeit entwickelt, die ihm zuvor nicht zur Verfügung gestanden hatte. In diesem Prozess wurden gerade auch die Aggressionen gegenüber seiner Mutter aus dem Kerker des Ignorierens einerseits und der Destruktion andererseits gehoben und durch konstruktive Wut weitgehend verarbeitet. Mit ihrem Tod stand nun der nächste Schritt vor der Tür: die Trauerarbeit.

Trauern umfasst, analog dem Coming-out, einen mehrphasigen Prozess. Er fordert eine vertiefte, wiederkehrende Auseinandersetzung mit uns selbst, in deren Verlauf wir immer mehr zu unserem wahren Selbst finden.

Zunächst stellt sich die Frage, ob wir angesichts des Verlusts eines nahen Menschen durch Tod oder Trennung überhaupt Trauer verspüren. Viele Menschen gehen über einen solchen Verlust lieber möglichst schnell hinweg, sei es, weil sie gar keine Trauer empfinden, oder sei es, weil sie zwar Trauer spüren, doch befürchten, sie würde sie zu sehr belasten. Gelingt es ihnen, die ursprünglich bereits in der Kindheit verlustig gegangene Trauer abermals wegzustecken, unterdrücken sie den natürlichen Trauerprozess aufs Neue. Gelingt es ihnen hingegen nicht, über den Verlust »einfach so« hinwegzukommen, besteht einerseits die Gefahr, sich im Trauerprozess zu blockieren und in eine Depression oder sonst in eine seelische Krise zu geraten. Andererseits besteht aber auch eine riesige Chance, jetzt erstmals wahre Trauer zu erleben und dabei grundlegend Abschied von unbewussten Überlebenskonzepten zu nehmen, die gerade auch mit dem nunmehr verstorbenen oder getrennten Menschen verbunden waren.

Zunächst stehen dem natürlichen Trauerprozess jedoch oft unverarbeitete und unterdrückte Aggressionen in Form von Ignoranz einerseits und Destruktion andererseits im Wege. Aus Richards Lebensgeschichte wissen wir, dass er den Kontakt zu seinen Eltern schon in seiner späten Jugend abgebrochen hatte und mit ihnen kaum mehr kommunizierte. Eine wirkliche Auseinandersetzung mit dem Elternhaus war damals nicht möglich, sondern erfolgte erst jetzt, fünfundzwanzig Jahre später, ausgelöst durch seine Krise, die ihn in die Therapie führte. In der Arbeit mit seinem inneren Kind ließ Richard lange zurückgehaltene Gefühle, namentlich seine konstruktive Wut, aufbrechen. Wenn er diese Auseinandersetzung mit seinem inneren Kind nicht gemacht hätte, wäre nun auch der Tod seiner Mutter wahrscheinlich ziemlich emotionslos an ihm vorübergegangen.

Doch nun stand ihm ein neues Instrument zur Verfügung. Er konnte in sich hineinspüren und seine Gefühle tiefgründig wahrnehmen. Der Tod seiner Mutter erzeugt in ihm heftige Trauer. Er selbst war zunächst über diese Trauer am meisten überrascht, hätte er doch »diese Frau« bis dahin »auf den Mond schießen« können.

Jetzt aber spürte er auf einer sehr tiefgründigen Ebene den Verlust an Menschlichkeit und an seelischer Integrität, den sowohl er als auch seine Mutter jeweils in ihren Kindheiten erlitten hatten. Seine Mutter war ja nicht »einfach so« die unterkühlte Frau, deren Rolle sie spielte. Vielmehr war die Eiseskälte ihr Überlebenskonzept, das sie sich in ihrer eigenen Kindheit angeeignet hatte und das dann als Mutter von Richard dessen kindliche Entwicklung nachhaltig blockierte. Wie wir wissen, konnte Richard als Kind nicht anders, als sich ihr anzupassen, um sich sein seelisches Überleben zu sichern. Doch gleichzeitig bedeutete dies den Verlust seiner seelischen

Integrität, seiner Lebendigkeit und war gleichsam der Verrat an seinem wahren Selbst.

Diesen Verlust konnte Richard nun sehr gut spüren und ebenso den Verlust, den seine Mutter damals selbst als Kind erlitten hatte. Richard wurde abgrundtief traurig, als er nach vierzig Jahren endlich erkannte, welch hohen Preis er durch diesen Urverlust bezahlen musste und welch tiefgreifende Konsequenzen damit für ihn, für seine Beziehung zu seinen Eltern, für seine Beziehung zu Erich und letztlich zu allen Menschen verbunden waren. Er bezahlte nicht weniger als den Preis des Verlusts an Lebendigkeit und den Verrat am wahren Selbst. Ein riesiger Schmerz kam in Richard hoch.

Doch dieser Schmerz, so grausam er sich anfühlte, öffnete Richard eine neue Tür zu sich und seinem wahren Leben, denn unter all der Trauer lag und liegt ganz einfach Liebe. Ungeteilte, bedingungslose Liebe.

Wahres Selbst

> »Die Intuition ist ein göttliches Geschenk, der denkende Verstand sein treuer Diener. Es ist paradox, dass wir den Diener verehren und die göttliche Gabe entweihen.«
> Albert Einstein (zit. nach Clark, 1971)

»Cogito ergo sum«, »ich denke, also bin ich«, steht, auf den Punkt gebracht, für die Fortschritte der klassischen Wissenschaften und damit der Menschheit in der Neuzeit. Dieser Ansatz erlaubte es uns, die Irrationalität des Mittelalters zu überwinden und große Fortschritte in der menschlichen und technischen Entwicklung zu machen, die zuvor unmöglich gewesen waren. Die Aufklärung befreite uns zu wesentlichen Teilen von den Ketten der bis dahin alles beherrschenden Kirche und ihren teilweise menschenverachtenden Dogmen über gut und böse. So verwaltete und zensierte die römische Kirche über ein Jahrtausend exklusiv das Wissen der Antike, das, im Vergleich zum mittelalterlichen Denken, sehr viel fortgeschrittener war, und manipulierte es im kirchlichen Machtinteresse. Die christliche Kirche hielt besonders Erkenntnisse des antiken Griechenlands, die ihr nicht passten, zurück und entmündigte das Volk, indem sie selektiv ihre Wahrheit über Gott und die Welt verkündigte und jegliches davon abweichende Denken als ketzerisch bezeichnete. Menschen, die sich erfrechten, Rom zu widersprechen, wurden bis auf den Scheiterhaufen verfolgt. Schwul empfindende Männer hatten in einem solchen bigotten und menschenverachtenden System schon gar nichts zu melden. Sie mussten sich verstecken und taten beziehungsweise tun dies bis heute nicht selten in der Priesterrobe. In der Identifikation mit ihrem Aggressor und mit ihrer Unterwerfung unter dessen Machtfesseln wurden und werden auch heute aus Opfern von Homophobie oft selbst schwulenfeindliche Täter.

Es ist ohne Zweifel ein unermesslicher Gewinn für die Menschheit, dessen sich die großen Denker der Renaissance, der Reformation und der Aufklärung verdient gemacht haben, die eklesiozentrische Machtstruktur allmählich durch eine weltzentrische Sicht der Dinge abzulösen. Starre Glaubenssysteme wurden durch wissenschaftliche Vorgehensweisen hinterfragt und aufgebrochen. Demokratie, allgemeiner Wohnstand, ein immer breiter gefächertes Wissen in der Bevölkerung und riesige Fortschritte auf dem Gebiet der Natur- und der angewandten Wissenschaften sind bis heute Früchte dieser Entwicklung. Kein vernünftig denkender Mensch wird sich die Vorherrschaft der Kirche, autoritäre politische Systeme oder die Beschneidung wissenschaftlichen Fortschritts zurückwünschen. Wieso fundamentalistische religiöse Strukturen, wie sie etwa Rom oder evangelikale Freikirchen vertreten, trotzdem auch bei vielen aufgeklärten Menschen noch ihren Einfluss haben, lässt sich nicht rational, sondern nur psychologisch mit den Phänomenen der Angst und der Machtpartizipation erklären. Wir werden im nächsten Kapitel darauf zurückkommen.

Wenn ich in diesem Buch entschieden eine Lanze für das

innere Erleben, für die eigenen Gefühle und die Suche nach dem wahren Selbst breche, so lehne ich noch viel entschiedener kirchliche Dogmen ab, die Menschen belehren, was sie erleben dürfen und was nicht, was sie fühlen dürfen und was nicht und wie sie sich das Höchste – die Religionen nennen es Gott, Allah oder Jahwe – vorstellen müssen. Perfiderweise argumentieren nämlich fundamentalistische Kirchen auch mit Gefühlen, allen voran mit Liebe. Doch wissen sie genau, wie ihr Gott Liebe definiert, was richtig und falsch und was gut und böse ist. Eigenes inneres Erleben und frei empfundene Gefühle haben darin keinen Platz, sondern sind Sünde und des Teufels. Darauf steht die Hölle oder zumindest das Fegefeuer.[14]

Wenn ich also die Wahl zwischen einer religiozentrischen und einer weltzentrischen Geisteshaltung habe, wähle ich unzweifelhaft und eindeutig letztere. Meiner Meinung nach fehlt aber auch der weltzentrischen Geisteshaltung etwas Entscheidendes. Sie ist zwar darum bemüht, die Dinge »objektiv« zu sehen, doch verkennt sie, was Quantenphysiker seit Jahrzehnten aufzeigen: Objektivität und Materie sind letztlich eine Illusion. Subjektivität und Beziehungen zwischen Subjekten sind das, was bleibt (Dürr und Panikkar, 2008). (Mehr dazu im Kapitel »Spiritualität im Einklang mit Quantenphysik und geistiger Evolution«.)

Doch muss man nicht Quantenphysiker sein, um dies zu verstehen. Wir alle haben ein Instrument in uns, das uns in hervorragender Weise ermöglicht, wirklich frei zu leben: unsere von Ängsten befreiten Empfindungen und Gefühle.

Die Angst macht es nämlich aus, dass wir uns unfrei fühlen. Wir schwulen Männer haben diesbezüglich spezifische Erfahrungen gemacht. Unsere Art zu empfinden und zu lieben ist außergewöhnlich. Außergewöhnlich beinhaltet an sich noch keine Wertung, sondern besagt, dass etwas aus der statisti-

---

14 Natürlich wird die Androhung von Gottes Strafe heute in aller Regel subtiler verpackt, was aber die dahinterstehende menschenverachtende Haltung nicht wirklich besser macht.

schen Norm fällt. Menschen mit einem Intelligenzquotienten von über 130 oder gar über 140 sind etwa außergewöhnlich. Spitzensportler ebenso. Aber niemandem käme es in den Sinn, diese außergewöhnlichen Fähigkeiten zu entwerten. Bei Homosexualität hingegen passiert genau dies. Homophobie, zunächst von der Kirche geschürt, später von der Wissenschaft gestützt, war bis vor relativ kurzer Zeit eine alles erdrückende Tatsache. Heute hat sich glücklicherweise der kirchliche Einfluss verringert und die Wissenschaft hat ihre Thesen relativiert, doch nach wie vor ist unsere Gesellschaft nicht frei von Homophobie. Einzig der Prozess des Coming-out, des Zu-sich-Stehens, führt aus dem Drama der gesellschaftlichen und internalisierten Homophobie heraus und in ein eigenbestimmtes und selbstbewusstes schwules Leben hinein. Daher stellt ein Coming-out und erst recht ein vertieftes Coming-out (Wiesendanger, 2005) eine überaus wertvolle Persönlichkeitsentwicklung dar.

Ein schwuler Mann, der das Bewusstsein eines vertieften Coming-out erreicht hat, weiß als Selbstverständlichkeit, dass er schwul fühlt, und steht vor sich und seinen Mitmenschen ohne Wenn und Aber dazu. Er weiß um die Spuren, welche die heterosexistische Erziehung bei ihm hinterlassen haben. Er erkennt die Mechanismen der gesellschaftlichen Homophobie, erkennt hinter diesen Aggressionen die Ängste und Nöte seiner Mitmenschen und erkennt die selbstdestruktive Dynamik, welche die Verinnerlichung dieser Gebote und Normen bei ihm bewirkt hat.

Über den Umgang mit seiner Sexualität hinaus erkennt er im Weiteren, dass er auf einem Weg ist, sich als den zu erkennen, der er *wirklich* ist, und steht vor sich und seinen Mitmenschen immer klarer zu all seinen Persönlichkeitsaspekten. Durch die Aufarbeitung bis dahin abgelehnter Gefühle, namentlich der konstruktiven Wut und der Trauer, kann er sich immer bewusster von seinen kindlichen Überlebensstrategien emanzipieren. Er ist mit den Nöten seines inneren Kindes vertraut und spendet ihm Trost, Schutz und Ermutigung, sein

Leben auf reife Art aufzubauen und dieses voller Lebendigkeit und in Verantwortung für sich und für seine Mitmenschen zu gestalten. Ihm ist bewusst, dass der Weg der Suche nach dem wahren Selbst einen Prozess umfasst, der, aus unserem menschlichen Blickwinkel heraus betrachtet, ein Leben lang andauert.

Nun werden nicht wenige schwule Männer einwenden, sie hätten doch auch ohne vertieftes Coming-out und Persönlichkeitsentwicklung im Sinne des wahren Selbst bisher ein erfolgreiches Leben geführt und darin ein gutes Selbstbewusst entwickelt. Dabei messen sie ihr Selbstbewusstsein – so wie dies in unserer Gesellschaft üblich ist – an ihrem materiellen oder an Macht und Prestige geknüpften Erfolg. Sie führen etwa an, sie hätten in einem bedeutenden Unternehmen eine leitende Funktion inne, im Militär oder in der Politik Karriere gemacht, besäßen eine schicke Wohnung, ein sportliches Auto und auch sonst einen Haufen Geld.

Eine solche Definition von Selbstbewusstsein gründet auf einer bürgerlichen Gesellschafts- und Geschäftskultur, in der Profit und Nutzen, Macht und Prestige die wesentlichen und scheinbar hinreichenden Faktoren sind, welche Glück verheißen und mit denen das Leben schlechthin definiert wird. Erich Fromm hat diese gesellschaftlich weit verbreitete Lebenseinstellung als Haben-Haltung bezeichnet (Fromm, 1979). In ihr gilt das Motto: Ich habe, also bin ich. Dabei ist mit »haben« primär der Besitz von Gegenständen, also von Materiellem gemeint. Darüber hinaus gehört aber auch der immaterielle Besitz zum höchst Erstrebenswerten. So werden, mehr oder weniger geschickt hinter wenig reflektierten gesellschaftlichen, ökonomischen, politischen oder religiösen Normen und Ideologien versteckt, letztlich auch Menschen instrumentalisiert und in Besitz genommen. Man hat dann eben nicht bloß eine erfolgreiche berufliche Karriere, eine schicke Wohnung, ein dickes Bankkonto und ein schnittiges Auto, sondern man *hat* dann auch einen gut aussehenden Freund oder diesen und jenen noch besser aussehenden Lover, einen wachsamen Hund, eine kompetente Sekretärin und eine fleißige Putzfrau. Und an diesen Erfolgssymbolen lesen sie ab, dass sie ein gutes oder, wie sie auch sagen, ein gesundes Selbstbewusstsein hätten.

Es mag durchaus sein, dass ein schwuler Mann, wie er hier skizziert ist, tatsächlich auch ein gutes Selbstbewusstsein hat. Doch misst sich dieses nicht über die genannten Haben-Faktoren. Vielmehr sind diese im günstigeren Fall irrelevant, während sie im ungünstigeren und leider viel häufigeren Fall einer Persönlichkeitsentwicklung sogar im Weg stehen.

So schließt es sich zwar nicht aus, dass ein Mensch mit einem gewachsenen Selbstbewusstsein auch dies oder jenes besitzt. Aber er wird sein Selbstbewusstsein weder über den Besitz seines Geldes, seiner Wohnung oder seines Autos noch seines Hundes und schon gar nicht seines Freundes ableiten. Vielmehr ist er sich dessen bewusst, dass ihm vielleicht seine Wohnung und vielleicht auch sein Auto dabei dienlich sein können, sich in seiner Lebendigkeit zu erfahren und zu entfalten. Hingegen wird er im Spiel mit seinem Hund und ganz gewiss in der Liebe zu seinem Freund oder zu seinem Lover seine eigene Vitalität spüren. Und dieses Sich-Erleben, Sich-Entfalten und Seine-Lebendigkeit-Spüren hat nicht im Geringsten etwas mit dem Besitz von Materiellem und schon gar nicht mit der Inbesitznahme von lebendigen Wesen zu tun. Vielmehr schöpft dieser Mensch, kraft seiner Kreativität, aktiv seine Lebendigkeit. Er erlebt darin sein *Sein*.

Eine solche Sein-Haltung, die Erich Fromm der Haben-Haltung gegenüberstellte, gründet auf echter Aktivität und ist Ausdruck eines lebendigen Menschen. Das Wesen des Seins lässt sich nicht kaufen, ganz im Gegensatz zu den mannigfaltigen Hüllen des Habens. Vielmehr verweisen die Werte des Seins auf das Eigentliche, das Wesentliche, das Lebendige, das Kreative und auf die Fähigkeit zu lieben (Fromm, 1980). Dieses Sein zu erleben fördert das Wachstum und die Entfaltung eines Menschen, was wiederum seine Lebendigkeit begünstigt.

Erich Fromm ergänzte sein Konzept von Haben und Sein durch die beiden grundverschiedenen Lebenseinstellungen der Nekrophilie einerseits und der Biophilie andererseits. Dabei gehört die nekrophile Lebenshaltung dem Haben-Modus an und bezeichnet, über die Begrifflichkeit der als Nekrophilie im engeren Sinne bekannten Sexualstörung hinaus, welche mit einer Lust am Toten einhergeht, ein Lebenskonzept, das den Menschen quasi als Maschine mit bestimmten physiologischen Erfordernissen wie Hunger, Durst, Schlaf oder Sex sieht, die es zu befriedigen gilt. Ihr Lebenszweck besteht demzufolge in einer Zufuhr von möglichst viel Brennstoff. So besteht für einen nekrophilen Menschen der paradiesische Zustand im Selbstgefühl des Am-meisten-Habens, also etwa in einem ganz großen Warenhaus zu sein, wo es alles zu kaufen gibt und wo ihm alles Geld zur Verfügung steht und möglichst auch noch etwas mehr als den anderen. Doch genau so wird der nekrophile Mensch selbst zur Ware, denn er definiert sich allein über den Konsum. Er ist ein getriebener Mensch und Gefangener seiner eigenen Gier, die immer stärker wächst, denn die Haben-Bedürfnisse sind ein Fass ohne Boden. Die aktuelle Finanz- und Wirtschaftskrise, die weltweit ganze Industriezweige und Volkswirtschaften ins Taumeln bringt und astronomische Summen für deren Rettung verschlingt, ist ein besonders krasser Ausdruck kollektiver nekrophiler Lebenshaltung.

Der nekrophilen Lebenshaltung steht die biophile gegenüber. Sie entspricht dem Sein-Modus. Ein biophiler Mensch liebt die Schöpfungskraft seines Lebens, liebt es, das von ihm Gestaltete zu erleben, um sich zu erfahren. Das Wachstum eines Kindes, einer Pflanze oder einer kreativen Idee beglückt ihn tief und ist Ziel und Zweck in sich.

Seine eigene Kreativität wie auch das Erleben der Schöpfungskraft seiner Mitmenschen und der Natur sind seine Lebensfreude. In Fromms Worten ausgedrückt lebt dieser Mensch in der Kunst des Seins. Der biophile Mensch hat die seelisch-spirituelle Haltung zu seiner eigenen gemacht, die Meister Eckhart als »sich ganz leer machen, um ganz voll zu sein« beschrieb, und öffnet sich den tieferen und nicht den vorgegebenen Beweggründen seines Lebens. Er ist ein überaus aktiver Mensch, auch wenn es von außen her den Anschein macht, dass er passiv ist, etwa wenn er »nur« meditiert oder ganz einfach die Natur betrachtet, in dem er vielleicht ein oder zwei Stunden an ein und demselben Ort sitzt und »nichts tut«.

Doch wie gelangen wir vom in unserer Gesellschaft vorherrschenden Haben- in den Seins-Modus? Wie erlangen wir eine biophile Lebenshaltung? Wie finden wir unser wahres Selbst?

Zunächst müssen wir durchschauen, dass die nekrophile Lebenshaltung, der Haben-Modus, eine unbewusste Überlebensstrategie unseres in Not geratenen inneren Kindes darstellt. Haben wir dies verstanden, gilt es, mit unserem inneren Kind Kontakt aufzunehmen. Darauf wartet es seit Jahrzehnten und sendet uns immer wieder Signale, etwa in Form von Träumen, aber auch von Symptomen oder Krankheiten. Unser Haben-Geist will diese Signale natürlich nicht verstehen, um unsere bisherige Lebensweise nicht hinterfragen zu müssen.

Unser inneres Kind aber benötigt dringend Empathie, Trost und Schutz, damit es sich beruhigt. Es braucht zu spüren, dass wir nun – ohne Wenn und Aber – ganz hinter ihm stehen und bedingungslos für es einstehen. Neben diesem Trost und Schutz benötigt es die Ermutigung, jetzt die Schritte zu tun, die es vor Jahren und Jahrzehnten nicht machen konnte. Bei vielen Menschen, namentlich bei schwulen Männern, geht es erst einmal darum, überhaupt einen Zugang zur konstruktiven Wut und zur Trauer zu finden. Dabei ist die Arbeit an ihrer internalisierten Homophobie grundlegend und richtungweisend.

Der Weg zum wahren Selbst, zu dem, was uns im Innersten ausmacht, führt also über die Öffnung unserer wahren Gefühle. Hinter unserer Destruktion, Depression, Angst, Krankheit oder Gleichgültigkeit verbirgt sich nämlich unsere Fähigkeit zur konstruktiven Wut. Hinter dieser konstruktiven Wut wiederum verbirgt sich unsere wahre Trauer. Und hinter dieser Trauer verbirgt sich unsere Fähigkeit, bedingungslos zu lieben: unser wahres Selbst.

Eigenständige Spiritualität

»Lebe! Wenn du lebst, wird Gott mit dir leben. Wenn
du dich weigerst, seine Risiken einzugehen, wird er in
den fernen Himmel zurückkehren und nur noch das
Thema für philosophische Spekulationen sein.«
Paulo Coelho (2000)

Ich kann Menschen, die mit Religion und Kirche nichts oder
nichts mehr zu tun haben wollen, bestens verstehen. Sie sind
zu Recht deren ewigen Verlautbarungen überdrüssig, die
nichts weiter als ihre längst überholten, letztlich lebensfeindlichen Dogmen zu reproduzieren versuchen. Gerade wir schwulen Männer können davon ein Lied singen!

Wenn ich an dieser Stelle für eine eigenständige Spiritualität plädiere, stelle ich mich also ganz entschieden nicht in
die Dienste institutionalisierter Religionen. Ebenso grenze ich
mich aber auch von einer verklärten Esoterik ab, die in naiver,
inflationärer Manier ihre Heilsbotschaften verkündet. Und
schließlich gilt es zu erkennen, dass auch unsere aufgeklärte,
säkularisierte Gesellschaft ihre Messiasse hat und diese nicht
minder anbetet als etwa Christen, Muslime und Juden jeweils
ihren Gott. Diese modernen Götter heißen dann zwar nicht Jesus, Mohammed oder Jahwe, wohl aber Geld, Macht, Prestige
und Hedonismus.

Spiritualität jenseits von institutionalisierter Religion und verklärter Esoterik

Spiritualität, wie ich sie in diesem Buch verstehe, sucht den göttlichen Anteil in uns. Sie lässt sich als Suche nach dem wahren Selbst übersetzen. Das wahre Selbst entfaltet sich aus dem Erleben tief empfundener Gefühle jenseits von Angst, Schuld, Scham und Minderwertigkeit. In ihm spiegelt sich unbedingte Liebe. Die Sprache des wahren Selbst sind also die Gefühle. Die Gefühle verbinden uns mit unserer Seele, mit dem Höchsten, mit dem, was uns ganz macht.

In unserem Alltag ignorieren wir unsere Gefühle aber oft. Vielfach hören wir schon gar nicht mehr auf sie. Wir empfinden sie in unserer auf technische und wirtschaftliche Funktionalität getrimmten Welt als irritierend oder gar störend. Wenn wir dann doch mal wieder ein Gefühl wahrnehmen, verstehen wir häufig nicht, es richtig zu interpretieren, weil wir darin so ungeübt sind. Durch solche Missinterpretationen haben wir wiederholt die Erfahrung gemacht, dass uns die Umsetzung eines Gefühls in eine Handlung in große Schwierigkeiten bringen kann. So handeln wir, meist ohne darüber nachzudenken, lieber nach dem alten, uns vertrauten Muster und entscheiden rational, anstatt uns in der Tiefe mit unseren Gefühlen auseinanderzusetzen.

Dabei wäre gegen Rationalität gar nichts einzuwenden, wenn diese nicht auf unbewussten kindlichen Überlebenskonzepten basierten, die den als Erwachsenen tatsächlich gemachten Lebenserfahrungen oft widersprechen. Diese ignorieren wir aber meist oder wir messen ihnen nicht die Bedeutung zu, die sie verdienten. So entscheiden wir rational und fühlen uns nach einiger Zeit abermals unzufrieden. Dabei lehrt uns doch ein wissenschaftlicher Grundsatz, ein Konzept oder eine Theorie dann infrage zu stellen, wenn die Empirie, also die Erfahrung, zu einem anderen Schluss kommt – was bedeutet, dass wir unsere rationalistische Lebenskonzeption zugunsten unserer wirklichen Erfahrungen ruhig etwas mehr in den Hintergrund stellen sollten, wenn wir uns wieder mal eingestehen müssen, dass unser Intellekt, in Anbetracht unserer Unzufriedenheit, einmal mehr Schiffbruch erlitten hat.

In der Arbeit mit unserem inneren Kind können wir uns unserer Überlebenskonzepte und deren selbstdestruktiven Konsequenzen, die sich zwangsläufig aus unserer verinnerlichten Homophobie ergeben haben, bewusst werden und in Selbstannahme und Liebe transzendieren. *Diesen Prozess nenne ich Spiritualität.* Spiritualität ist also nichts Mystisches, nichts unentschlüsselbar Geheimnisvolles oder nur durch die Vermittlung eines Pfarrers, Bischofs oder Papstes und die Gnade eines von uns getrennten Gottes zu Empfangendes. Spiritualität ist vielmehr etwas in uns selbst Kreiertes. Sie leitet uns zum wahren Selbst und somit zum Göttlichen in uns allen.

Institutionalisierte Religiosität hingegen – im christlichen Kulturkreis vertreten durch Kirchen, Glaubensgemeinschaften und Sekten – lehrte und lehrt uns, dass wir durch unsere Schuld von Gott getrennt sind (Altes Testament) und erst durch Gottes Gnade, im Neuen Testament verkörpert durch Jesus Christus, wieder zu ihm zurückkehren können. Im Übrigen müssen wir, je nach Kirche, mehr oder weniger darum bangen, diese Gnade auch wirklich zu empfangen. Gott gebe sie nicht »einfach so«. Vielmehr sei seine Liebe, so lehren uns viele Theologien, an ein bestimmtes Verhalten und an ein bestimmtes Glaubensbekenntnis – nämlich je ihres – gebunden.

Kommt uns dies nicht bekannt vor? Widerfährt uns hier nicht genau die Erpressung, die wir durch das »Drama des begabten Kindes« und die dadurch entstehende Not des inneren Kindes schon eingehend kennen gelernt haben?

Genau darum funktioniert kirchliche Macht auch so gut. Wir projizieren nämlich, meist völlig unbewusst, unsere unaufgearbeiteten negativen Elternkomplexe auf Gott. So verfangen sich unsere kindlichen Traumatisierungen auch in unseren Gottesbildern. Die Kirchen haben dann ein leichtes Spiel, mit ihrer Lehre eines nur unter Bedingungen liebenden Gottes auf fruchtbaren Boden zu stoßen. Sie brauchen dann nur noch zu behaupten, das Heil, die Vergebung und die Gnade Gottes allein durch die Befolgung ihrer Gebote erlangen zu können, und schon haben sie eine mit nichts zu vergleichende emotionale Macht an sich gerissen. Doch dies ist schwarze Pädagogik, auch wenn der Wolf im Schafpelz daherkommt. Auf genau diese Weise schürten und schüren viele Kirchen permanent Angst. Denn mit einem Gott der bedingten Liebe oder gar des Zorns und der Rache, der exklusiv durch das Dienstleistungsangebot der jeweiligen Kirche milde und vergebend gestimmt werden kann, haben sie ein an Arroganz kaum zu überbietendes Machtinstrument zur Verfügung, das einen großen Teil der Menschheit in seiner Entfaltung seit Anbeginn der Religionsgeschichte lähmt.

Mit diesem Machtinstrument halten Kirchen das Lebendige der Menschen, das in der Spiritualität und in der Sexualität ihre Entfaltung sucht, in Schach. Aus ihrer inneren Machtlogik heraus müssen die Kirchen dies auch tun, denn eine gelebte Spiritualität und eine befreite Sexualität würden unweigerlich das Ende ihrer absurden Theologien einläuten und ihnen die Definitionsmacht entziehen. So darf es für die große Mehrzahl der Kirchen nicht sein, dass Menschen anfangen, sich selbst zu spüren und ihren Empfindungen zu vertrauen, denn sonst emanzipierten sie sich unweigerlich aus ihren Machtfesseln.

Dass vielen kirchlichen Amtsträgern dieser psychologische Zusammenhang selbst unbewusst ist, macht es für die ihnen anvertrauten Gemeindeglieder, die diesen meist subtil verpackten seelischen Aggressionen ausgesetzt sind, nicht besser. Vom juristischen Tathergang würde es sich also in der Regel eher um Grobfahrlässigkeit denn um Vorsätzlichkeit handeln, doch werden solche emotionalen Vergewaltigungen bis heute sowieso nicht geahndet.

Dabei bedingen und begünstigen sich Monotheismus und kirchlicher Machtmissbrauch gegenseitig und führen zunehmend zu Intoleranz und Fanatismus. Auf dem Hintergrund von fanatischer Religiosität, die mit je ihrem Alleingültigkeitsanspruch zwangsläufig aufeinanderprallen, wurden und werden im Namen Gottes die schrecklichsten Kriege geführt.

Gerade monotheistische Religionen haben letztlich zur Befriedung in der Welt freiwillig nichts beigetragen.[1] Erst die Säkularisierung und die Aufklärung hat sie zu solchen Schritten gezwungen. Damit die Kirchen ihre Existenzberechtigung aber auch angesichts ihrer miserablen historischen Bilanz nicht verlieren, müssen sie die Leute glauben machen, dass diese sie brauchen. Also müssen sie ihr Volk dazu bringen, permanent den Glauben an sich selbst zu verlieren. Sodann müssen sie den Menschen klar machen, dass allein die jeweilige Kirche die Antworten bezüglich Gottes Welt hat und dass diese Antworten fraglos zu akzeptieren sind. Dahingegen ermutigt die Spiritualität die Menschen, mittels ihrer tief empfundenen Gefühle an ihre eigenen Gottes- und Welterfahrungen zu glauben (Walsch, 1996). So wäre es unmöglich, dass auch nur ein Mensch einem anderen Schaden zufügt, geschweige denn, dass er ihn tötet.

Doch die von Generation zu Generation weitergegebenen und seit Kindheit verinnerlichten Konzepte der Kirchen halten sich hartnäckig. Wahrscheinlich handelt es sich bei den kirchlich-religiös verinnerlichten Überlebenskonzepten sogar um die zähesten überhaupt. Dabei wäre gerade eine gelebte Spiritualität zentral identitätsstiftend. Doch die meisten Kirchen stülpen den Menschen eine Angstidentität über, die mit einem überaus mächtigen Instrument operiert: Schuld- und Schamgefühle.

Schwule Männer mit einem kirchlich-religiösen Hintergrund – und das sind letztlich die meisten, denn auch wenn sich viele von der kirchlichen Lehre distanziert haben, sind sie mit deren Konzepten sozialisiert worden und haben diese zu

---

1 Eine Ausnahme stellt der befreiungstheologische Ansatz dar, der sich aber bezeichnenderweise seinerseits von jeglicher kirchlichen Glaubensdogmatik distanziert und daher mit seiner Mutterkirche zwangsläufig in Konflikt steht.

mehr oder weniger großen Anteilen verinnerlicht – stehen a priori als Homosexuelle in einem Konflikt mit der kirchlichen Moral. Dieser Konflikt mag, je nach Kirche, unterschiedliche Ausmaße annehmen. So wird er etwa in der römisch-katholischen oder in evangelikalen Kirchen besonders deutlich, doch geht auch in »aufgeklärten« evangelischen und reformierten Kirchen der Graben in Bezug auf Homosexualität mitten durch das Kirchenvolk.

Einen solchen Konflikt hinsichtlich gleichgeschlechtlicher Gefühle gibt es in der Spiritualität nicht. Ganz im Gegenteil! Das wahre Selbst ermutigt und verstärkt jede Erfahrung, in der Freude und Liebe gelebt wird. So stellt sich die Frage nach der sexuellen Orientierung auch gar nicht auf moralischer Ebene, sondern allein auf derjenigen der seelischen Bedürfnisse. Und diese kann nur durch das Individuum, kraft seiner Gefühle, beantwortet werden.

Die meisten Kirchen aber behaupteten – und viele tun dies auch noch heute –, Homosexualität sei unmoralisch und sündig, jedenfalls die ausgelebte Form der gleichgeschlechtlichen Liebe. Mir ist keine traditionelle Kirche bekannt, die ihre Homophobie oder ihren Heterosexismus *wirklich* aufgelöst hat. Einige haben in den letzten Jahren zwar Fortschritte bezüglich ihrer besonders krassen Formen von Homophobie gemacht. Doch kommen, unter der Oberfläche dieser Toleranz, häufig auch schnell wieder die bekannten Vorbehalte und Bedingungen hinzu. Andere Kirchen – darunter die mächtigste, also die römisch-katholische Kirche – agieren nach wie vor in selbstherrlicher Arroganz über Gut und Böse in der Sexualität, wobei Homosexualität klar zur Kategorie des Übels, des Unmoralischen und des Sündigen gehört. Gerade auch der jetzige Papst lässt daran keinen Zweifel bestehen.

Aus dem Machtgebaren der Kirchen ist es ja auch nur folgerichtig, dass sie die Sexualität, die wohl stärkste menschliche Ausdrucksform von Lebendigkeit, in den Grenzen ihrer von Macht besessenen Vorstellungen definieren und das so entstandene Produkt als Moral verkaufen. Mit dem Instrument der Angst ist ihnen dies auch über Jahrhunderte sehr erfolgreich gelungen. Doch ist dieses Spiel mit der Angst eine menschenunwürdige Form seelischen und spirituellen Missbrauchs.

Verständlich, dass die auf diese Weise kanalisierte selbstdestruktive Energie schwule Männer, die sich nicht oder nicht in der Tiefe von der religiös-kirchlichen Definitionsmacht befreit haben, in seelische Krisen treibt. Solche Krisen können sich etwa in subtiler Unzufriedenheit ausdrücken, die häufig mit einer gekünstelten Gelassenheit überspielt werden. Aber sie können auch schwere Depression, Zwänge, Phobien und Psychosen auslösen oder gar in den Suizid führen. Auch können sie in Fremdaggression umschlagen, die alles vernichten will, was anders denkt oder eigenständig fühlt. So beginnen Kriege im kleinen wie im großen Stil. Homophobie ist ein sehr gutes Beispiel dafür, gerade wenn wir wissen, dass Homosexualität etwa im katholischen Priesteramt oder im römischen Klerus weit vertreten ist. So ist es psychologisch überaus verständlich, dass solche Kirchenvertreter ihre eigenen Schatten in bigotter Manier im »sündigen Bruder« bekämpfen müssen.

Nun leben wir ja glücklicherweise nicht mehr in einer Welt, in der die Kirchen das alleinige Sagen haben. Viele Menschen haben der Kirche den Rücken gekehrt. Sei es, dass sie sie noch als Dienstleister nutzen, etwa für Hochzeiten und Beerdigungen, sei es, dass sie aus ihr ausgetreten sind. Vom Glaubensverständnis ihrer Kirche haben sie sich jedenfalls mehr oder weniger abgewandt. Diese Abwendung heißt aber nicht notwendigerweise, dass sie sich auch *wirklich* von ihr emanzipiert haben. Genau so, wie wir uns von den Geboten und Verboten unserer Eltern zwar äußerlich distanzieren können, diese aber in uns oft dennoch weiterleben, können auch kirchliche Indoktrinationen in unserem Inneren unbewusst weiterwirken. Aus humanistisch-tiefenpsychologischer Sicht hilft nur die vertiefte Auseinandersetzung mit den Elternintrojekten[2],

---

2 Verinnerlichte elterliche Normen und Autorität.

etwa durch die Arbeit mit dem inneren Kind, eine eltern- und kirchenunabhängige, selbstbestimmte Lebensgestaltung zu erlangen. Auch aufgeklärte, säkularisierte Menschen sollten also genau hinsehen, welche Macht sie ihrer Kirche in ihrem Inneren noch immer geben.

Ich möchte an dieser Stelle aber auch eine Lanze für die Kirchen brechen. Viele Menschen finden in ihr eine Struktur, in der sie Halt finden und die sie trägt. Darüber hinaus ist die karitative Hilfe, die Kirchen Menschen in Not zukommen lässt, überaus lobenswert. Meiner Meinung nach geht es auch gar nicht darum, Kirchen per se einfach abzulehnen. Vielmehr geht es aber darum, zu erkennen, welche Instanz die Kirche in unserem Leben und vor allem in unserem Inneren darstellt, und in der Tiefe nachzuspüren, ob dies für sich selbst noch stimmig ist. Analog der Arbeit mit dem inneren Kind bezüglich unserer Elternintrojekte geht es also darum, zu einer reifen, erwachsenen Haltung gegenüber unserer Kirche zu finden. Mag sein, dass ein Kirchenaustritt die richtige Antwort darauf ist. Viel wichtiger als die äußere Form einer Mitgliedschaft ist aber das Bewusstmachen, was einem seine Kirche tiefgründig bedeutet.

Außerdem gibt es auch im kirchlichen Bereich natürlich sehr engagierte, sozial und spirituell verantwortliche Theologen, Seelsorger und Laienmitarbeiter. Wie bei Psychiatern und Psychotherapeuten sagt die Zugehörigkeit zu einer bestimmten Fachrichtung oder eben zu einer bestimmten Kirche oder Glaubensgemeinschaft nicht zwingend etwas über ihren persönlichen Ansatz aus. Zu einigen Kirchenvätern und -müttern verspüre ich auf dieser Ebene denn auch Hochachtung.

Als Ersatz für das traditionell Religiöse bieten zahlreiche Esoteriker ihre Lebensweisheiten an. Viele dieser Methoden entbehren allerdings jeglicher ernst zu nehmenden Grundlage. Sie verkünden Weissagungen oder stellen gar Heilsversprechen in Aussicht, die – ebenso wie die kirchliche Dogmatik – weder empirisch nachprüfbar sind, noch durch quantenphysikalische Erkenntnisse – ich komme noch darauf zu sprechen – gestützt werden können. Vielmehr verklären viele esoterische Lehren die Welt in naiver Art und Weise. Leichtgläubige, die sich von traditionellen Dogmen losgesagt haben oder zumindest glauben, dies getan zu haben, verfangen sich gern in solchen Fallstricken.

Esoterik bedeutet verborgenes Wissen. Selbstverständlich gibt es viele Phänomene, die wir noch nicht verstehen und die verborgenes Wissen in sich tragen. Unsere herkömmlichen wissenschaftlichen Vorgehensweisen können ja tatsächlich nicht alles begründen, was unser Leben ausmacht. Doch dies heißt noch lange nicht, dass irgendwelche x-beliebigen esoterischen Erklärungsansätze Gültigkeit hätten, deren Grundlage entweder naivem Wunschdenken oder – noch viel weniger – finsteren Gedankengebäuden entspringen. Genau wie bei den kirchlichen Botschaften gilt es also auch bei esoterischen Verheißungen, genau hinzuspüren, welche Gefühle und Empfindungen, jenseits von Angst und naivem Wunschdenken, sie in einem selbst auslösen.

Spiritualität jenseits von säkularisierten Göttern

Welche Götter unsere säkularisierte Gesellschaft heute anbetet, können wir unschwer anhand der im Jahr 2008 ausgelösten Finanzkrise und der daraufhin anhaltenden weltweiten Wirtschaftsrezession erkennen: Geld, Macht und Prestige. Ihnen sind wir – zumindest viele Menschen des westlichen Kulturkreises – auf den Leim gekrochen. Wir sollten die Verantwortung für die angerichtete Misere daher auch nicht nur auf ein paar gierige Bankmanager abschieben, sondern uns ehrlich der Frage stellen, welcher unersättliche Hunger an Geld, Macht und Prestige uns selbst angeht.

Nun sind Geld oder Macht nicht an sich schlecht. Sie stellen vielmehr einfach Energieformen dar, die wir in unserem Leben auf die eine oder andere Weise nutzen können. Ohne

Geld und ohne Macht sind wir im wahrsten Sinne des Wortes mittel- und machtlos. Mit viel Geld und viel Macht sind unser Ansehen und unser Prestige in der Gesellschaft in der Regel hoch. Doch Geld, Macht und Prestige als Selbstzweck führen nicht zu nachhaltiger Freude.

Nutzen wir unser Geld und unsere Macht jedoch zugunsten unserer Lebendigkeit und nicht zulasten von anderen, welche die Zeche dafür zahlen müssen, dann nutzen wir sie als Mittel zum Zweck. Auf diese Weise können wir unseren Alltag finanzieren und uns darüber hinaus um unser geistiges, seelisches und spirituelles Wachstum kümmern. Wenn unsere berufliche oder private Stellung außerdem mit Macht verbunden ist – in einem kleineren oder größeren Ausmaß ist dies fast immer der Fall –, können wir uns auch dafür einsetzen, dass unser Umfeld an unserem Wachstum teilhaben kann.

Wenn Geld, Macht und das daraus folgende Ansehen aber zum Lebenselixier erklärt werden, sitzen wir, die wir glauben, aufgeklärt zu sein, nur wieder neuen Göttern auf. Doch lohnt es sich tatsächlich, den Papst gegen ein Aktienpaket einzutauschen, zumal letzteres oft dann in seinem Wert zulegt, wenn humanitäre Werte unter die Räder geraten, etwa wenn Arbeitsplätze wegrationalisiert werden, die Produktion nach Fernost verlegt wird, wo wiederum Menschen unter fragwürdigen Bedingungen für einen Hungerlohn arbeiten und es doch nie auf einen grünen Zweig bringen?

Je nach Börsengang können wir mit Aktien tatsächlich reich und mächtig werden. Doch was machen wir mit diesem Geld und der damit verbundenen Macht? Wir können etwa unser Prestige aufpolieren, indem wir beispielsweise ein noch schickeres Auto kaufen. Doch haben wir dann genug? Sind wir dann endlich gesättigt? Oder winkt uns nicht schon das nächste Prestigeobjekt zu?

Neben Geld, Macht und Prestige sind der Hedonismus und der Jugendlichkeitskult Götter, die gerade schwule Männer oft und gern anbeten. Das Zelebrieren von größtmöglichem Lustgewinn an zahlreichen Orten der schwulen Szene, einhergehend mit einer permanenten Schönheitskonkurrenz, bei der ein jugendliches und modebewusstes Auftreten die höchsten Attribute zu sein scheinen, bedeuten für nicht wenige schwule Männer schwules Leben schlechthin. Botoxspritzen und plastisch-chirurgische Operationen »helfen« dabei, unser wahres Alter zu kaschieren. Exzessiver Drogen- und Alkoholgenuss unterstützen die Versprechen dieses scheinbar ewigen spätpubertären Hedonismusgebarens. Dabei erkennen wenige, die von sich behaupten, sie hätten mit Religion nichts mehr am Hut und seien längst aus der Kirche ausgetreten, die Götter, die sie nun an deren Stelle anbeten. Außerdem leben Hedoniker gefährlich, denn spätestens jenseits einer unerbittlichen Altersguillotine, bei der auch Botox & Co. nicht mehr helfen, schlägt diese gern in Depression um (Wiesendanger, 2005).

Selbstverständlich ist nichts dagegen einzuwenden, wenn wir uns modebewusst kleiden, wenn wir unseren Körper pflegen und wir uns an einer Party auch mal benehmen, als wenn wir noch immer siebzehn wären. Doch wenn dies zur Lebenshaltung schlechthin wird, der wir nichts Eigenes gegenüberstellen können, rennen wir einer Illusion hinterher, die zwangläufig in eine Krise führt.

Eine hoch angesehene Göttin unserer Zeit ist auch die Gesundheit. Natürlich gibt es auch hier nichts dagegen zu sagen, wenn wir uns gesund ernähren, unseren Körper mittels Sport fit halten und bei Beschwerden zum Arzt gehen. Tatsächlich hat ja die Medizin, gerade in den letzten Jahrzehnten, riesige Fortschritte gemacht. Doch der Schatten dieses Fortschritts ist ein Gesundheitswahn, den man sich als Lifestyle leistet. Krankheiten soll der Doktor – nicht ohne Grund nennen wir sie ja Halbgötter in Weiß – möglichst schmerzlos wegmachen. Ein Innehalten und Nachspüren, welche tiefgründige Lebensbotschaft ein Symptom oder eine Krankheit beinhaltet, bleibt dabei meist auf der Strecke. Vor allem verdrängen wir aber unsere Sterblichkeit. Und wo wir sie nicht mehr abwenden können, gehen wir sie möglichst klinisch an. Dabei beinhalten Krankheiten und ganz besonders das Sterben und der Tod Fragen, über die nachzudenken und nachzuspüren sich überaus lohnt.

Einen gottähnlichen Status tragen auch Stars aus der Film- und Musikszene. Einmal eine Hollywood- oder Superstar-Größe geworden, kann man sich des Geldes, Glitzers und Glamours sicher sein. Bezweifelt werden darf, ob dabei wirklich die begabtesten und kreativsten Schauspieler und Sänger ausgezeichnet werden oder ob die Selektion nicht vielmehr knallharten, wenn auch gut kaschierten wirtschaftlichen Gesetzen folgt. Indem wir unseren Stars zujubeln, werden auch wir Teil dieses Geschäfts. Unser Gewinn ist dabei die Illusion des Dazugehörens und damit ein gesellschaftlicher Machtzuwachs. Verlustig gehen wir bei diesen und vergleichbaren psychologischen Massenhysterien hingegen unserer eigenen Integrität. Weltklassesportler erhalten einen vergleichbaren Status, vor allem wenn sie im »richtigen« Sportbereich erfolgreich sind. So werden etwa Tennisspieler oder Fußballer in alle Himmel gehoben, während der Ruhm von weniger prestigeträchtigen Sportarten schneller verblasst und weit weniger einträglich ist.

Und schließlich ist unsere Rationalität eine Göttin, derer wir uns im Alltag kaum bewusst sind. So gehen wir ganz selbstverständlich davon aus, dass wir unser Leben am besten mittels unseres Denkens meistern können. Doch diese Einstellung führt in ihrer Einseitigkeit zum Positivismus, einem philosophischen Menschenbild, das besagt, dass die Welt mit Hilfe klassischer naturwissenschaftlicher Verfahren hinreichend beschrieben werden kann, wenn die Forschung nur weit genug fortgeschritten ist. Wie schon eingehend beschrieben, stimme ich damit überein, dass Rationalität eine überaus wertvolle Errungenschaft von uns Menschen ist. Nur hat sie das Emotionale, das Empfinden, das Seelische schier gänzlich verdrängt. Wenn wir also ein Loblied auf unsere denkerischen Fähigkeiten anstimmen, tun wir gut daran, auch unserer Gefühle zu gedenken und deren Kraft wiederzuentdecken, denn im Positivismus sitzen wir einem Gott auf, der, meiner Meinung nach, seine Versprechen nicht einzulösen vermag.

Spiritualität im Einklang mit Quantenphysik und geistiger Evolution

Die *klassischen* Naturwissenschaften versuchen mit ihren Instrumenten unsere Welt zu verstehen und zu beschreiben. Letztlich sind sie auf der Suche nach der reinen Materie und nach Gesetzmäßigkeiten, wie solche reine Materie angeordnet ist. Theoretisch und aus positivistischer Weltsicht müssten dadurch alle Naturphänomene zu erklären sein.

Nun zeigt die Quantenphysik aber, dass reine Materie etwas ist, das es gar nicht gibt. Hans-Peter Dürr, langjähriger Leiter des Max-Planck-Instituts in München und Schüler von Werner Heisenberg, einem der Pioniere der Quantenphysik, vertritt daher sehr entschieden eine Weltsicht der *modernen* Naturwissenschaft. Als Teilchenforscher beschäftigte er sich den größten Teil seiner wissenschaftlichen Forschung mit der Suche nach dem kleinsten Teil der Materie. Er kam zu dem Schluss, dass es so etwas schlichtweg nicht gibt. Statt von reiner Materie, also einem Fundament, an dem man die Welt festmachen könnte, spricht er vielmehr von einer Urquelle, die jeden Augenblick wieder anders ist (Dürr und Panikkar, 2008).

Im täglichen Leben erscheint uns die Welt zwar aus Materie, die wir greifen können und der wir eine Sprache geben. Dies vermittelt uns das Gefühl von Sicherheit, denn wir wissen dann: Ein Tisch ist ein Tisch und eins plus eins ergibt zwei. Doch entspricht diese Wahrnehmung letztlich nicht dem Wesen der Welt. So strafen Max Plancks theoretische Vorhersage von Quantenphänomenen und Einsteins spezielle und allgemeine Relativitätstheorie sowie Formulierungen der Quantenmechanik von Bohr, Heisenberg, Born und Jordan auch die Behauptung einer streng mechanistischen Kausalität von Naturphänomenen sowie die Möglichkeit einer objektiven Naturbeobachtung Lügen (Dürr und Panikkar, 2008).

Lange Zeit glaubte man, ein Atom (griechisch »unspaltbar«) sei das Fundament, auf dem alles aufbaue. Später stellte man fest, dass man ein Atom sehr wohl weiter aufspalten kann.

Doch entstehen dabei nicht noch kleinere Teile von Materie. Vielmehr verschwindet die Materie. Was bleibt, ist eine Beziehungsstruktur ohne materielle Träger. Dürr scheut sich nicht, dafür die Begriffe Geist, Seele und Liebe zu verwenden (Dürr und Panikkar, 2008). Er zeigt auf, dass die Welt eben nicht aus einer astronomischen Zahl von angeordneten Einzelteilen besteht und zu beschreiben ist, sondern nur aus dem großen Zusammenhang zu verstehen ist, in dem alles mit allem verbunden ist.[3]

Dürr erklärt, dass gerade, wenn wir Dinge in ihre Einzelteile zerlegen, ihr Wesen verloren geht, und illustriert dies mit einem besonders einprägsamen Bild: Wenn wir den Menschen zu verstehen versuchen, indem wir ihn in seine Einzelteile zerlegen, so wie es die klassische Schulmedizin tut, dann haben wir am Schluss vielleicht tausend Menschenteile, aber den Menschen haben wir damit nur sehr bedingt verstanden. So versuchen wir ihn wieder zusammenzusetzen. Materiell betrachtet mag dies sogar gelingen, doch was dabei längst verloren ging, ist seine Lebendigkeit.

Es ist also ihre Lebendigkeit, die Lebewesen charakterisiert. Mit der Zerlegung zerstören wir ihr Wesen. Man kann durch die Zerlegung zwar eine Differenzierung sehen, diese auch sprachlich fassen und allerlei praktische Anwendungen daraus ableiten. Doch handelt es sich letztlich nur um die materiellen Aspekte des Lebens, die wir dabei fokussieren. So erleben wir zwar mit unseren Sinnen und unserem Intellekt, dass wir in einer dreidimensionalen Welt leben, doch verhalten sich Leben und Lebendigkeit sehr viel komplexer.

Die Urquelle des Lebens, so Dürr, ist dynamisch und vielschichtig. Anstelle von »Gewissheiten« treten Möglichkeiten auf. Die klassische Naturwissenschaft aber basiert auf

---

3 Hier findet sich also auch eine wissenschaftliche Begründung der These des kollektiven Unbewussten von Carl Gustav Jung, nach der alles Leben miteinander verbunden ist. Dabei kann man kollektives Unbewusstes auch mit Überbewusstsein übersetzen, um dessen spirituellen Charakter hervorzuheben.

»Gewissheiten«. Doch letztlich lösen diese sich auf. Dadurch entpuppt sich die von ihr als wissenschaftlich eingeforderte Objektivierung ebenfalls als Illusion, denn Quantenphysiker belegen eindeutig, dass Beobachtungen immer subjektiv sind und vom Beobachter abhängen. So ist die Welt also letztlich nicht wissbar, denn Wissen bedeutet, dass wir erklären können, was wir wissen. Doch erklären heißt, etwas auf etwas zurückführen, das wir »objektiv« mit Bestimmtheit wissen. Wenn nun aber das Fundament dafür fehlt, verliert das Gebäude, das wir aufbauen, seinen Boden. Die Kriterien des Descartes-Newton'schen Menschen- und Weltbilds, auf dem die klassische Naturwissenschaft noch heute aufbaut, sind damit widerlegt, genügen jedenfalls nicht, um die Welt auf einer tiefgründigeren Ebene zu beschreiben.

Der Religionsphilosoph Martin Buber postulierte bereits in den 1920er Jahren »Am Anfang war Beziehung«. Die moderne Physik muss ihm heute Recht geben, denn die Welt ist keineswegs aus ihren Einzelteilchen zu verstehen, sondern nur aus dem Ganzen. Diese Erkenntnis hat auch in Bezug auf ein Gottesbild, das Quantentheorien ernst nimmt, eine entscheidende Konsequenz.

Wenn wir beispielsweise fragen, welche Farbe ein Kreis hat, dann ist diese Frage unbeantwortbar. Kurz entschlossen malen wir vielleicht mit dem Kugelschreiber einen Kreis und sagen: Natürlich hat er eine Farbe, er ist rot. Ein anderer nimmt einen blauen Kugelschreiber und »beweist«, dass der Kreis blau ist. Schon entsteht ein Konflikt. Ist der Kreis nun rot oder blau?

Natürlich kommt die Farbe des Kreises vom Kugelschreiber. Erst wenn wir den Kreis mit Begriffen aufladen, nimmt er eine Farbe an. Die Farbe spielt aber für das Wesen eines Kreises keinerlei Rolle. Also lassen wir besser die Farbe weg oder nehmen alle Farben, um einen Kreis zu beschreiben. Genauso verhält es sich mit der Frage, ob denn Gott nun rot, blau, grün oder gelb ist oder ob Gott ein persönlicher Gott sei oder ob es vielleicht mehrere Götter gebe. Erst durch solche Fragen – besser gesagt durch deren »exakte« Beantwortung – machen wir Gott zu einer Zweiheit von richtig und falsch. Aber der Urquell ist eine Nicht-Zweiheit, eine Nicht-Dualität (Dürr und Panikkar, 2008).

Insbesondere monotheistische Religionen wie das Christentum, der Islam und das Judentum basieren auf einer Dualität und reklamieren, dass Gott beispielsweise gut und nicht böse ist. Spiritualität, wie sie dieses Buch anregt, tut dies nicht. Sie besagt vielmehr, dass wir in uns eine Urquelle tragen, nämlich unsere inneren Empfindungen und Gefühle. Dabei liegt es im Wesen dieser Urquelle, dass sie, gemessen am Vokabular der klassischen Naturwissenschaften, ungenau ist. Doch wenn wir schon mal wissen, was wir nicht alles wissen *können*, dann können wir eher auf das vertrauen, was uns im Innersten ausmacht: Liebe.

Dieser Schritt vom klassischen naturwissenschaftlichen Verständnis zum Weltbild der modernen Physik geht mit einer Einsicht einher, die gerade auch für die Psychologie höchst bedeutsam ist oder dies zumindest sein sollte, nämlich dass Menschlichkeit in ihrem Wesen Liebe bedeutet. Der »missing link« sind also weder biochemische Prozesse im Großhirn noch differenzierte kognitive Analysen, wie menschliches Verhalten zustande kommt, und schon gar nicht ein Papst, der uns sagt, wo Gott hockt. Viel kompatibler mit dem, was Dürr als Urquell beschreibt, sind hingegen unsere inneren Empfindungen und Gefühle, mit denen wir uns – meist unbewusst – stetig auf der Suche nach dem wahren Selbst und der unbedingten Liebe befinden.

An diesem Punkt fügen sich die Theorien geistiger Evolution von Ken Wilber bestens ein. Er zeigt auf, dass die Welt nicht nur einer biologischen Evolution im Sinne Darwins unterworfen ist, sondern dass wir Menschen uns auch in einem Prozess der geistigen Evolution befinden (Wilber, 2007). Aus einem archaischen Geist, der sich noch undifferenziert um sein nacktes Überleben kümmern musste, etablierte sich ein *egozentrischer* Geist. Diese Stufe ist charakterisiert durch narzisstische Selbstabsorption, körperliche Bedürfnisse und

Begierden, emotionale Ausbrüche, asoziale Impulse und die Unfähigkeit, die Rolle des Anderen einzunehmen. Wir treffen einen solchen Geist natürlicherweise bei kleinen Kindern und bei rebellischen Teenagern, aber in schwer pathologischer Ausprägung auch bei Mördern, Kinderschändern und Vergewaltigern. Wenn gleich nicht auf der Handlungsebene, so leben wir in Mord- oder Rachefantasien auch in diesem Geist. Computer-Killerspiele zeugen vom Bedürfnis, diesen niedrigen Geist doch irgendwie auszuleben. Demagogen und brutale Diktatoren, »schwarze« Pädagogen und destruktiv-aggressive Eltern gehören ebenfalls auf die Liste solcher Psychopathen.

Aus diesem egozentrischen Geist entwickelte sich evolutionär ein *ethnozentrischer* Geist (Wilber, 2007). Er stellt eine Ausweitung der Selbstidentität auf die eigene Familie, die Clique, den Stamm, die Rasse, die Glaubensgruppe oder die Nation dar und umfasst die Übernahme sozial angepasster Regeln und Rollen. Natürlicherweise treffen wir bei Kindern im Alter von sieben Jahren bis in die Pubertät einen solchen Geist. Pathologische Formen davon finden wir bei Fundamentalisten[4], bei rechten Politikern, im Nationalismus beziehungsweise Patriotismus, in autoritären Systemen oder im nationalistisch angelegten Mannschaftssport, etwa bei Fußballländerspielen. Homophobie gehört ebenfalls zu den pathologischen Auswüchsen des ethnozentrischen Geistes.

Aus diesem ethnozentristischen Geist geht der *weltzentristische* hervor (Wilber, 2007). Er beinhaltet eine noch stärkere Ausdehnung des Selbst um alle Menschen, ohne Ansehen von Rasse, Geschlecht oder Glauben. Er ist der in westlich-demokratischen Staaten heute vorherrschende Geist und geht mit einer Etablierung der Rationalität und der klassischen Naturwissenschaften einher. Starre Glaubenssysteme werden

---

4 Wie André Comte-Sponville in seinem Buch »Woran glaubt ein Atheist?« (2008) aufzeigt, können auch Atheisten Fundamentalisten sein, wenn sie ebenso darauf bestehen, dass es *keinen* Gott gibt, wie der Papst darauf besteht, dass allein der römisch-katholische Glauben über Christus zu Gott führt.

in Frage gestellt, konventionelle Rollen und Regeln transzendiert. Er ist Abbild der natürlichen Entwicklung ab der späten Jugend und dem jungen Erwachsenenalter und findet seinen Ausdruck in sozialer Politik. Die Schwulenbewegung und deren Errungenschaften sind ebenfalls Ausdruck dieses weltzentrischen Geistes.

Ken Wilber vertritt die Position, dass ein nächster geistig-evolutionärer Schritt, gerade angesichts der riesigen Probleme in der Welt, überaus Not tut (Wilber, 2007). Er nennt den anzustrebenden Geist *kosmozentrisch* und umschreibt ihn mit dem, was Quantenphysiker wie Hans-Peter Dürr postulieren oder was dieses Buch für den Bereich der Psychologie und der Psychotherapie nahelegen möchte. Ein kosmozentrischer Geist transzendiert den weltzentrischen und identifiziert sich mit einer universalen Quelle, die alles Leben und Bewusstsein einschließt und eine Nicht-Zweiheit einfordert.

Spiritualität im Sinne dieses kosmozentrischen Geistes verstehe ich daher als einen natürlichen Prozess, der im Einklang mit unserer geistigen Evolution steht. Diese Spiritualität ist, im Gegensatz zu zahlreichen patriarchal-konservativ geprägten Religionen, etwa dem unaufgeklärten Islam, dem orthodoxen Judentum, dem traditionellen Katholizismus und dem Glaubenssystem evangelikaler Kirchen, nicht im ethnozentristischen Geist stecken geblieben. Sie hat aber auch den reformatorischen Geist eines weltzentrischen, liberalen Protestantismus oder des Atheismus transzendiert.

Auf dieser Ebene sind auch Spiritualität und Psychologie keine Gegensätze, sondern Spiritualität ist im Gegenteil die folgerichtige Weiterführung eines humanistisch-tiefenpsychologischen Ansatzes, der das innere Erleben und die Gefühle des Menschen in den Mittelpunkt seiner Betrachtung stellt.

Für den Übergang von einem tieferen zu einem höheren Geist sind seelische Krisen charakteristisch. Das Alte wird durchgeschüttelt. Es passt nicht mehr. Das Neue ist aber noch nicht erreicht. Wir scheinen zwischen Stuhl und Bank zu fallen und wehren uns heftig dagegen. In aller Regel haben wir in einer seelischen Krise auch nicht das Bewusstsein, dass wir an der Schwelle zur Selbsthinterfragung sind und uns diese in eine viel umfassendere Freiheit entlässt, wenn wir sie als Chance zum Persönlichkeitswachstum nutzen. So haben auch Stanislav und Christina Grof, die beiden Begründer der transzendentalen Psychologie, beschrieben, dass seelische Krisen, meist unbewusst, immer spirituelle Krisen sind (Grof und Grof, 2008).

Oft sind wir in verschiedenen Belangen unseres Seins in verschiedene Ebenen der geistigen Evolution gespalten. So zeugt etwa unsere verinnerlichte Homophobie noch von Anteilen eines ethnozentrischen Geistes. Vielleicht drückt in gewissen Situationen gar ein egozentrischer Geist durch, wenngleich wir uns wohl meist mit einem weltzentrischen Geist identifizieren oder wir uns ab und zu, etwa in der Meditation oder in unserem Persönlichkeitsentwicklungsprozess und auf der Suche nach dem wahren Selbst, auch mit dem kosmozentrischen Geist verbunden fühlen.

Das Hin und Her zwischen verschiedenen Ebenen kann einen längeren Lebensabschnitt, unter Umständen gar ein ganzes Leben umfassen. Oft kündigt es sich schon lange Zeit vor dem eigentlichen Umbruch an. So verstricken wir uns immer wieder in ähnlichen Mustern. Selbst wenn wir diese erkennen, können wir nicht so leicht in neue Bahnen treten, sondern müssen zunächst vom Alten und den damit verbundenen Vorteilen Abschied nehmen. Dies bedeutet einen sehr schmerzlichen Prozess und bedarf einer intensiven seelischen Auseinandersetzung mittels konstruktiver Wut und Trauer, bis wir an den Punkt kommen, an dem wir uns mit unserem Herzen ganz bewusst für das Neue entscheiden. Die Arbeit mit dem inneren Kind unterstützt uns darin optimal.

Wenn ich die Grundthesen eines humanistisch-tiefenpsychologischen Ansatzes mit der in diesem Buch beschriebenen Spiritualität verbinde, entstehen neue Gedanken, Bilder und Gefühle über das Leben und den Tod. Menschenbilder und Gottesbilder stehen darin in keinerlei Spannungsverhältnis zueinander. Während im ethnozentrischen Geist der »einzig wahre Gott« vom »fernen Himmel« richtend auf uns Sünder blickt, ob wir auch wirklich in der von ihm auserwählten Kirche auf die richtige Weise zu ihm beten und im weltzentrischen Geist Gott entweder gestorben oder reformiert und daher versöhnlicher gestimmt, aber dennoch irgendwie von uns getrennt ist, erfahren wir im kosmozentrischen Geist Gott und alles Leben ohne jegliche Spaltung.

Schwule Spiritualität

Ich glaube, schwulen Männern – und lesbischen Frauen – ist eine ganz besondere Rolle in dieser Welt zugedacht. Dabei impliziere ich mit »besonders« keine Wertung. Es ist nicht besser oder schlechter, wichtiger oder unwichtiger, ein heterosexueller als ein schwuler Mann zu sein, so wie Blau nicht besser oder wichtiger ist als Rot. Aber Blau ist ganz besonders. Und Rot ist ebenso ganz besonders. Sie sind verschieden und doch gleichwertig.

Viele schwule Männer vermögen auch im Jahr 2010 noch nicht, ihre Lebendigkeit ungetrübt zum Leuchten zu bringen. Homophobie in der Gesellschaft und vor allem unsere verinnerlichten Anteile an Homophobie behindern uns immer noch, ganz in unsere Kraft zu kommen. Wenn wir also unsere Kraft, unsere Lebendigkeit, unser Wesen, unser wahres Selbst voll entfalten wollen, kommen wir nicht drum herum, uns mit dem, was uns behindert, nämlich unserer verinnerlichten Homophobie, einem Relikt des ethnozentrischen Geistes, *vertieft* auseinanderzusetzen.

Es ist unmöglich, in der Enge des ethnozentrischen Geistes frei zu leuchten. In ihm nehmen wir uns vielmehr selbst gefangen und identifizieren uns wahlweise mit der Täterrolle, in dem wir selbst homophob agieren, oder mit der Opferrolle, in dem wir zulassen, dass wir unter der gesellschaftlichen, kirchlichen oder familiären Unterdrückung leiden. Beides ist einer freien Entfaltung abträglich.

Es tut also dringend Not, uns von den Fesseln unserer internalisierten homophoben Anteile nachhaltig zu befreien. Mein Buch »Vertieftes Coming-out« (Wiesendanger, 2005) zeigt auf, dass wir dabei gerade auch hinsichtlich *Details* von Blockierungen unseres schwulen Selbstbewusstseins hellhörig und selbstkritisch sein sollten. Viele werden ihr eigentliches Coming-out zwar schon Jahre, vielleicht schon Jahrzehnte hinter sich haben. Doch haben wir uns dabei wirklich voll und ganz auch unserer versteckten Anteile verinnerlichter Homophobie entledigt? Sind wir mit unserem Schwulsein auch vollständig im weltzentrischen, vielleicht sogar teilweise bereits im kosmozentrischen Geist angekommen? Das Gespaltensein in einen fortschrittlichen und einen rückwärts gewandten Geist hält uns nämlich a priori davon ab, unser Leben ganz zu entfalten.

Zwar ist es für uns Menschen charakteristisch, dass wir nicht mit unserem ganzen Bewusstsein mit einem einzigen Geist verbunden sind. Wenn wir Angst haben, neigen wir dazu, Zuflucht in einem niedrigeren Geist zu suchen. Wenn wir über uns hinaus wachsen, nehmen wir Kontakt mit dem höheren Geist auf. Ein Bewusstsein für solche Übergänge zu entwickeln, ist höchst spannend und lässt uns auf das Wesentliche fokussieren, denn so können wir noch viel gezielter an unserer geistig-seelisch-spirituellen Entwicklung arbeiten.

Viele schwule Männer, die mit ihrer Sexualität im weltzentrischen Geist angekommen sind, machen die Erfahrung, dass sie durch ihre etwas andere Art zu sein besondere Fähigkeiten haben. So sind schwule Männer oft gute, aktive Zuhörer und können daher sehr gut auf ihr Gegenüber eingehen. Empathie scheint eine besonders entwickelte Fähigkeit von vielen schwulen Männern zu sein.[5]

---

5 Im ethnozentrischen Geist steht einem diese Fähigkeit noch kaum zur Verfügung. Darin gefangen werden wir zwar von den Nöten anderer in

Empathie ist eine Fähigkeit, die wir eher mit Weiblichkeit als mit Männlichkeit in Verbindung bringen, weil sie mit Empfangen und Aufnehmen zu tun hat. Nun leben schwule Männer in einem männlichen Körper. Viele haben aber auch eine ausgeprägt weibliche Seite entwickelt. Gerade diese hoch entwickelte Kombination von Männlichkeit und Weiblichkeit ist für viele schwule Männer geradezu charakteristisch. Carl Gustav Jung hat mit seinem Konzept von Anima und Animus aufgezeigt, dass in jedem Mann auch eine weibliche Seite und in jeder Frau auch eine männliche Seite lebt (Jung, 1971). So haben selbstverständlich auch heterosexuelle Männer eine weibliche Seite in sich, doch leben sie diese in der Regel weniger selbstverständlich aus, sei es, weil bei ihnen das Weibliche weniger ausgeprägt vorhanden ist, sei es, weil sie nicht als »unmännlich« gelten wollen. Und selbstverständlich gibt es auch schwule Männer, die sich davor hüten, diese weibliche Seite auszuleben, um nicht als »unmännlich« zu gelten. Dahinter wiederum stehen unaufgearbeitete Anteile internalisierter Homophobie.

Jedenfalls ist es meine Beobachtung und Erfahrung, dass die Verbindung von Männlichkeit und Weiblichkeit ein wesentliches Charakteristikum vieler schwuler Männer ist. Genau diese Seinsweise ist es denn auch, mit der schwule Männer im weltzentrischen und vor allem im kosmozentrischen Geist eine ganz besondere Rolle einnehmen können. Ich glaube, uns schwulen Männern ist genau dieser Platz des bewussten Transzendierens des dualen Bezugssystems von Mann und Frau zugedacht.

Im weltzentrischen Geist heißt dies etwa, zwischen der Männer- und der Frauenwelt Brücken bauen. Viele heterosexuelle Frauen schätzen schwule Männer gerade deshalb, weil

---

Beschlag genommen, doch sind wir überfordert, uns abzugrenzen. Wir machen dann entweder die Not des anderen zu unserer eigenen oder verschließen uns dem Gegenüber. Dem egozentrischen Geist ist Empathie sowieso ein Fremdwort.

sie mit einem Mann zusammen sein können, der einerseits empathisch ist und viele »weibliche« Interessen mit ihnen teilt, ihnen andererseits aber auch das Männliche näher bringt, ohne sie sexuell zu bedrängen. Auch heterosexuellen Männern könnten solche Übersetzungshilfen sehr dienlich sein, was aber eine Offenheit gegenüber schwulen Männern und lesbischen Frauen voraussetzen würde, die leider noch nicht selbstverständlich ist, denn Homophobie ist bei heterosexuellen Männern auch heute noch signifikant ausgeprägter als bei heterosexuellen Frauen.

Im Weiteren sind viele schwule Männer überdurchschnittlich kreativ begabt und für das Künstlerische prädestiniert. Viele hoch angesehene Künstler sind oder waren schwul, ob sie nun ihr Schwulsein offen leben beziehungsweise gelebt haben oder nicht.

Erfahrbar wird die eigene Kreativität durch die mannigfaltigen Ausdruckskräfte der Seele, etwa im Malen, Musizieren, Schreiben, Kochen oder Tanzen, aber auch sonst bei jeglichem Ausdruck des Menschseins. Dabei ist es wichtig, die eigene Kreativität nicht innerhalb der Grenzen zu suchen, was Menschen als Kunst definieren. Vielmehr liegt Kreativität, mitunter Genialität, in *allem* musisch Geschöpften, das dem eigenen Ausdruck entspringt. Das an Vorgaben gebundene, von der Gesellschaft zur Kunst Definierte hingegen schränkt die eigene Intuition und Kreativität ein und bringt einen so von der sensitiven seelischen Erfahrung weg. Diese jedoch ist frei und vermag unendliche Räume zu erschließen, wenn wir sie bloß aus ihren egozentrischen, ethnozentrischen und letztlich auch weltzentrischen Fesseln befreien.

Auch in der Sexualität können schwule Männer neue, kreative Wege der Persönlichkeitsentfaltung gehen. Dafür besonders geeignet ist schwules Tantra, wie sie etwa von *Gay-Love-Spirit*[6] oder *Gay-Tantra*[7] angeboten werden. Schlussend-

---

6 http://www.gaylovesprit.com
7 http://www.gay-tantra.de

lich kann sich aber auch einfach im Naturerleben, im bewusst erlebten Atem oder im bewussten Wahrnehmen von Freundschaften und der darin enthaltenen Liebe unser kosmozentrischer Geist und damit unsere befreite Spiritualität weiterentwickeln.

Empathie, Zusammenführen von Männlichkeit und Weiblichkeit sowie Kreativität befähigen also uns schwule Männer – mindestens potentiell – zu besonderen Erfahrungen. Wenn diesen im weltzentrischen Geist schon eine tragende Bedeutung zukommt, so können wir vielleicht ein Gefühl dafür entwickeln und erleben, wie diese Strahlkraft im kosmozentrischen Geist eine universelle Quelle allen Bewusstseins und allen Lebens in einer Nicht-Zweiheit der Geschlechter verkörpern könnte.

In genau diesem Sinne lasse ich dieses Buch mit den Gedanken von Marianne Williamson[8] ausklingen, die inspirieren mögen, weiter mutig und beherzt in eben diesen kosmozentrischen Geist aufzubrechen.

---

8 Sie werden immer mal wieder auch Nelson Mandela zugeschrieben.

Jeder Mensch ist dazu bestimmt, zu leuchten!

Unsere tiefgreifendste Angst ist nicht,
dass wir ungenügend sind,
unsere tiefgreifendste Angst ist,
über das Messbare hinaus kraftvoll zu sein.

Es ist unser Licht, nicht unsere Dunkelheit,
das uns am meisten Angst macht.

Wir fragen uns, wer bin ich, mich brillant,
großartig, talentiert, phantastisch zu nennen.
Aber wer bist Du, Dich nicht so zu nennen?
Du bist ein Kind Gottes.
Dich selbst klein zu halten, dient nicht der Welt.

Es ist nichts Erleuchtetes daran, sich so klein zu machen,
dass andere um Dich herum sich unsicher fühlen.
Wir sind alle bestimmt zu leuchten, wie es Kinder tun.

Wir sind geboren worden, um den Glanz Gottes,
der in uns ist, zu manifestieren.
Er ist nicht nur in einigen von uns, er ist in jedem Einzelnen.
Und wenn wir unser eigenes Licht erscheinen lassen,
geben wir anderen Menschen die Erlaubnis, dasselbe zu tun.

Wenn wir von unserer eigenen Angst befreit sind,
befreit unsere Gegenwart automatisch andere.

Literatur

American Psychiatric Association (1989): DSM-III-R. Diagnostisches und statistisches Manual psychischer Störungen. Basel.

Bradshaw, J. (2000). Das Kind in uns. Wie finde ich zu mir selbst? München.

Clark, R. W. (1971): Einstein – The Life and Times. New York.

Coelho, P (2000): Veronika beschließt zu sterben. Zürich.

Dürr, H.-P.; Panikkar, R. (2008): Liebe – Urquelle des Kosmos. Freiburg.

Fromm, E. (1979): Haben und Sein. Die seelischen Grundlagen einer neuen Gesellschaft. München.

Fromm, E. (1980): Die Kunst des Liebens. Frankfurt a. M.

Goodman, P. (1977): Nature Heals. New York.

Grof, St.; Grof, Ch. (2008): Spirituelle Krisen. Chancen der Selbstfindung. Darmstadt.

Gruen, A. (1986): Der Verrat am Selbst. München.

Gruen, A. (1987): Der Wahnsinn der Normalität. München.

Gruen, A. (1997): Der Verlust des Mitgefühls. München.

Hoffmann, S.; Hochapfel, G. (1991): Einführung in die Neurosenlehre und Psychosomatische Medizin. Stuttgart.

Jung, C. G. (1971): Gesammelte Werke. Olten.

Kirsch, I. (2009): The emperor's new drugs. Exploding the antidepressant myth. London.

Linden, M.; Hautzinger, M. (2005): Verhaltenstherapiemanual. Heidelberg.

Margraf, J. (Hrsg.) (2000): Lehrbuch der Verhaltenstherapie. Berlin.

Mentzos, S. (2002): Psychodynamische Modelle in der Psychiatrie. Göttingen.

Mertens, W. (1990): Einführung in die psychoanalytische Therapie. Stuttgart.

Miller, A. (1979): Das Drama des begabten Kindes. Frankfurt a. M.

Miller, A. (1980): Am Anfang war Erziehung. Frankfurt a. M.

Miller, A. (1983): Du sollst nicht merken. Frankfurt a. M.

Mindell, A. (2000): Quantum mind. The edge between physics and psychology. Portland.

Öst, L. G. (2000): Spezifische Phobien. In J. Margraf (Hrsg.), Lehrbuch der Verhaltenstherapie. Berlin.

Rauchfleisch, U. (2001): Schwule, Lesben, Bisexuelle. Lebensweisen, Vorurteile, Einsichten. Göttingen.

Rauchfleisch, U.; Frossard, J.; Waser, G.; Wiesendanger, K.; Roth, W. (2002): Gleich und doch anders. Psychotherapie und Beratung von Lesben, Schwulen, Bisexuellen und Angehörigen. Stuttgart.

Rogers, C. R. (1951): Client-centered therapy. Boston.

Rogers, C. R. (1961): On becoming a person. Boston.

Stavemann, H. (2005): KVT-Praxis. Basel.

Turner, E. et al. (2008): Selective publication of antidepressant trials and its influance of apparant efficacy. New England Journal of Medicine.

Walsch, N. D. (1996): Gespräche mit Gott, Bd. 1–3. München.

Weltgesundheitsorganisation (1991): ICD-10. Internationale Klassifikation psychischer Störungen. Bern.

Wiesendanger, K. (2001): Schwule und Lesben in Psychotherapie, Seelsorge und Beratung. Ein Wegweiser. Göttingen.

Wiesendanger, K. (2002): Heterosexismus, Homophobie und internalisierte Homophobie *sowie* Grundlagen der Psychotherapie und Beratung bei schwulen und bisexuellen Männern. In U. Rauchfleisch; J. Frossard; G. Waser; K. Wiesendanger; W. Roth: Gleich und doch anders. Psychotherapie und Beratung von Lesben, Schwulen, Bisexuellen und Angehörigen. Stuttgart.

Wiesendanger, K. (2005): Vertieftes Coming-out. Schwules Selbstbewusstsein jenseits von Hedonismus und Depression. Göttingen.

Wilber, K. (2007): Eine kurze Geschichte des Kosmos. Frankfurt a. M.

Wottreng, W. (1999): Hirnriss. Wie die Irrenärzte August Forel und Eugen Bleuler das Menschengeschlecht retten wollten. Zürich.

Wenn Sie weiterlesen möchten ...

Kurt Wiesendanger
Vertieftes Coming-out
Schwules Selbstbewusstsein jenseits von Hedonismus und Depression

Nicht wenige schwule Männer liegen auch als Erwachsene noch in den unsichtbaren Fesseln ihrer Kindheitstraumata. Einfühlsam zeigt der Autor auf, wie verhängnisvoll sich die repressiven Mechanismen einer an heterosexuellen Standards orientierten Gesellschaft auf die Persönlichkeitsentwicklung gleichgeschlechtlich orientierter Menschen auswirken. Selbst wenn sie mit ihrem Coming-out einen rebellischen Befreiungsschlag gewagt haben, führte dieser oft nur vermeintlich in die Freiheit. Viele frönen seither einem spätpubertären Hedonismus. Doch es gibt Wege ins selbstverantwortliche Erwachsensein. Durch eine vertiefte Auseinandersetzung mit sich selbst können abgespaltene Persönlichkeitsanteile integriert werden und ein reifes schwules Selbstbewusstsein jenseits von Hedonismus und Depression kann sich entfalten.

Kurt Wiesendanger
Schwule und Lesben in Psychotherapie, Seelsorge und Beratung
Ein Wegweiser

Mit einem Vorwort von Udo Rauchfleisch

In unserer gern als aufgeklärt, fortschrittlich, modern bezeichneten Gesellschaft gehören Schwule und Lesben nach wie vor einer stigmatisierten und gesellschaftlich wie juristisch diskriminierten Gruppe an. Tagtäglich müssen sie sich in einer fast ausschließlich auf heterosexuelle Maßstäbe ausgerichteten und ihnen oft feindselig gestimmten Umwelt behaupten. Neben der Kirche haben vor allem die Psychiatrie und die Psychoanalyse auf eine lange Tradition von Schwulen- und Lesbenfeindlichkeit zurückzublicken. Nach »Behandlungsmethoden« wie Umpolungsversuchen auf der Couch, Kastrationen und Gehirnoperationen erfolgte zwar die offizielle Entpathologisierung von Homosexualität; doch trifft man auch bei psychotherapeutisch Tätigen immer noch auf antihomosexuelle Einstellungen und unreflektierte Ablehnung bis hin zu pathologisierenden Konzepten.

Es ist das Anliegen dieses Buches, Verständnis und Einfühlungsver-
mögen für gleichgeschlechtlich empfindende Menschen mit ihren
spezifischen Ängsten, Fragen und Freuden zu schaffen. Es möchte den
Professionellen im psychosozialen Bereich einen Zugang zum Leben und
Erleben dieser Klientengruppe vermitteln. Dabei ist ein gewisses Maß an
Selbsterfahrung mit eigenen homosexuellen und homophoben Anteilen
die Voraussetzung für eine akzeptierende und wertschätzende therapeutische Grundhaltung.

Udo Rauchfleisch
Schwule, Lesben, Bisexuelle
Lebensweisen, Vorurteile, Einsichten

»Die große Bedeutung des gesellschaftlichen Drucks für Entwicklung
und Lebensweise von Lesben, Schwulen und Bisexuellen stellt der
Psychoanalytiker Udo Rauchfleisch in den Vordergrund seiner Betrach-
tungen. Mit Einfühlungsgabe, Zartgefühl und Respekt – in der Fachli-
teratur eher selten anzutreffende Tugenden – nähert der Autor sich den
Frauen und Männern hinter diesen sexuellen Klassifizierungen. Dabei
räumt er mit Klischees auf ..., übt scharfe Kritik an subtilen und offenen
Diskriminierungen der 'gleichwertig Anderen' auch in der modernen
Psychoanalyse, und beleuchtet die frühkindliche Entwicklung dieser
Menschen dezidiert unter nichtpathologischen Aspekten.«
Psychologie heute

Udo Rauchfleisch
Transsexualität – Transidentität
Begutachtung, Begleitung, Therapie

Fachlich fundierte Aufklärung über das Phänomen Transsexualismus
und die Frage, ob Transidentität eine psychische Störung ausdrückt oder
nichtpathologisch ist.

»Das Buch kann allen, die beruflich mit transsexuellen Menschen arbeiten, empfohlen werden, und es wird dazu beitragen, Transsexuellen
primär als Menschen zu begegnen.« Urs Hepp, *Schweizer Archiv für Neurologie
und Psychiatrie*

Udo Rauchfleisch
Alternative Familienformen
Eineltern, gleichgeschlechtliche Paare, Hausmänner

Die Klage um den »Zerfall der Familie« schließt zumeist unbedacht mit ein, dass Kinder nur in »vollständigen« Familien gedeihen und sich ungestört entwickeln könnten. Erziehungsverantwortlichen in anderen Konstellationen wird damit ein ungehörig schlechtes Gewissen gemacht. Dabei ist die Bilderbuchfamilie – Vater, Mutter, Kinder – nicht nur seltener geworden, sie ist auch durchaus nicht immer der Hort optimaler Entwicklungsmöglichkeiten. Und sie ist keineswegs die einzige konstruktive Lebensform.

Udo Rauchfleisch hat die Erkenntnisse aus neueren Forschungen zusammengetragen, die zeigen, dass sich Kinder, die in alternativen Familien aufwachsen, genauso gut entwickeln wie Kinder in traditionellen Familienformen. Zum Teil verfügen sie sogar über bessere soziale Kompetenzen, sind kooperativer und kritischer gegen Geschlechtsrollenklischees.

Das Buch zeigt die Chancen, die in Einelternfamilien, gleichgeschlechtlichen Partnerschaften und im Rollentausch liegen. Und es geht der Frage nach, warum gegen diese Lebensformen so vehemente Vorurteile gehegt werden.

Thomas Müller / Norbert Matejek (Hg.)
Sexualität und Psychose
Forum der psychoanalytischen Psychosentherapie, Band 6.

Eine erstaunlich geringe Anzahl von Publikationen befasst sich mit den Zusammenhängen zwischen Sexualität und Psychose. In diesem Band schildern psychoanalytische Autoren vielfältige therapeutische Begegnungen mit der Sexualität ihrer psychotischen Patienten. Ausgehend von diesem eindrucksvollen klinischen Material werden Bedeutung und Funktion von Erregungszuständen, sexuellen Inhalten und Übertragungsvorgängen eingehend diskutiert. Auch die weiterführenden theoretischen Konzeptualisierungen bieten eine wertvolle Diskussionsgrundlage für die psychoanalytische Psychosentherapie.

Micha Hilgers
Leidenschaft, Lust und Liebe
Psychoanalytische Ausflüge zu Minne und Mißklang

»Die Verliebtheit ist die Revolution der Seele gegen die Diktatur der Gewohnheit.« Liebe und Glück zu erleben, braucht innere Stärke. Bei der Liebe stürmt »die Mannschaft der Seele auf das Deck des Körpers« (Milan Kundera), die Vernunft geht dabei rasch über Bord. Über die Unbeschwertheit der ersten Liebe sinniert der Psychoanalytiker Micha Hilgers ebenso wie über die schwierige Kunst, Liebe, Lust und Leidenschaft in einer dauerhaften Beziehung lebendig zu halten. Denn was geschieht, wenn sich die Mannschaft an Deck des Körpers ausgetobt hat? Wie können erotische Spannung, geistiger Austausch und gemeinsame Interessen über die Jahre erhalten bleiben?
Liebe hat viele Gesichter. Das Kieksen des Säuglings beim Anblick der Eltern gehört dazu, ebenso der lockende Schmollmund der Pornografie, die Maske der Perversion oder der Reiz der Dreiecksbeziehung. Freilich auch Enttäuschung, Liebeskummer, Trennung, Scheidung. Wie sag ichs meinen Kindern? Dürfen sie bei der neuen Partnerwahl von Mama oder Papa mitreden? Warum verbringt jemand Nächte vor pornografischen Internet-Seiten? Was treibt andere in die Arme eines missionarischen Heilsbringers, um sich dessen »Ordnungen der Liebe« zu unterwerfen?
Es sind alltägliche und dennoch bedeutsame Fragen des Lebens, auf die es keine genormten Antworten gibt. Hilgers flirtet stattdessen mit der Möglichkeit, selbst weiter zu sinnieren über die eigene Liebe – wie sie sein sollte oder könnte.

Johanna Schäfer (Hg.)
Körperspuren
Psychoanalytische Texte zu Körper und Geschlecht

Dieser Band fokussiert auf den in der psychoanalytischen Behandlung oft vernachlässigten Körperbezug: leibbezogene Fantasien und körperliche Prozesse in der weiblichen Adoleszenz, männliche Identitätskonflikte, körperbetonte Gegenübertragungsfantasien, Stellenwert der Bisexualität, die enge Verschränkung von primärer und sekundärer Homosexualität mit weiblichem Körpererleben, die unbewussten Bedeutungen des Mutterkörpers.
Die Autorinnen sind ausgewiesene Expertinnen zu Fragen der Psychosexualität, Geschlechterforschung, weiblichen und männlichen Entwicklungspsychologie.

Meike Watzlawik /
Nora Heine (Hg.)
Sexuelle
Orientierungen
Weg vom Denken in Schubladen

Mit einem Vorwort von U. Rauchfleisch.
2009. 207 Seiten mit 21 Abb. und 37
Tab. sowie 4 Cartoons von Ralf König,
kartoniert
ISBN 978-3-525-40418-8

Schwule betreiben Körperkult und nehmen es mit der Treue nicht
so genau, lesbische Frauen sind eingefleischte Emanzen und das
Coming-out kann ein Leben komplett zerstören – alles Vorurteile?
Gibt es etwas, das uns mehr beschäftigt als unser Liebesleben?
Richtig, das der anderen, und dabei geht es nicht immer vorurteils-
frei zu.

Unterscheiden sich homo- und bisexuell orientierte Menschen
wirklich von heterosexuellen Menschen, was das Kennenlernen des
Partners, die sexuellen Vorlieben oder die Treue betrifft? Was moti-
viert Menschen dazu, anderen (bewusst nicht) von ihrer sexuellen
Orientierung zu erzählen? Und was sagen die Eltern, wenn ihr
Kind »anders« ist? Wissenschaftlich fundierte Antworten auf diese
und andere Fragen gibt dieses allgemein verständliche, kurzweilig
geschriebene Buch.

Vandenhoeck & Ruprecht